Jurisdição Constitucional

O controle do voluntarismo judicial em face da banalização dos princípios constitucionais

João Marcelo Brito da Silva
Mestrando em Ciências Histórico-Jurídicas, na especialidade
Teoria do Direito, pela Universidade de Lisboa.
Bacharel em Direito pelo Centro Universitário Farias Brito.
Membro associado à ABRAFI. Advogado.

Jurisdição Constitucional

O controle do voluntarismo judicial em face da banalização dos princípios constitucionais

editora
Del Rey

Belo Horizonte

2022

EDITORA DEL REY LTDA.
www.livrariadelrey.com.br

Editor: Arnaldo Oliveira

Editor Adjunto: Ricardo A. Malheiros Fiuza
(*in memoriam*)

Coordenação Editorial: Letícia Neves

Diagramação e revisão: Know-how Editorial

Capa: JP Designer

Editora:
Rua dos Goitacazes, 71 – Lojas 20 a 24
Centro – Belo Horizonte – MG
CEP 30190-050

Comercial:
Tel.: (31) 3284-3284 / 3293-8233
vendas@editoradelrey.com.br

Editorial:
editorial@editoradelrey.com.br

S586j Silva, João Marcelo Brito da
Jurisdição constitucional: o controle do voluntarismo judicial em face da banalização dos princípios constitucionais / João Marcelo Brito da Silva. - Belo Horizonte : Del Rey, 2022.
xii; 144 p.

Bibliografia: p. 123-132.
ISBN: 978-65-00-49243-9

1. Direito constitucional. 2. Controle da constitucionalidade.
3. Jurisdição. I. Título.

CDU 342.56

Meire Luciane Lorena Queiroz – Bibliotecária – CRB/6 2233

Àqueles aos quais insistentemente perguntei e os quais diligentemente responderam às minhas perguntas. Professores, esteio de conhecimento.

PREFÁCIO

O livro de João Marcelo Brito da Silva, *Jurisdição constitucional:* o controle do voluntarismo judicial em face da banalização dos princípios constitucionais, tem todas as qualidades das obras dos novos intelectuais. Escrita como parte de uma pesquisa de formação, com a ousadia da juventude, ela se lança em questionamentos que destrincham a contemporaneidade sem esquecer de dar voz às bases que formam um alicerce sólido na formação de um intelectual.

Começando por esse alicerce, como toda construção deve fazer, João Marcelo retoma os debates fundamentais do constitucionalismo moderno de raízes liberais, e coloca no tabuleiro as diversas formas de raciocínio que se propuseram acerca do tema. Se Locke e Rousseau são seus pontos de partida no debate entre recortes de direitos, de um lado a liberdade, do outro a igualdade, o autor também lembra que esse debate ensejou críticas ao longo dos anos, tanto no lado socialista como no lado liberal.

Subindo as paredes do edifício intelectual, a obra revela como o debate, antes em termos apenas filosóficos, ganha conotação jurídica de fundo, uma vez que as democracias e os regimes liberais se estabelecem ao longo dos séculos XIX e XX. O que fora uma questão acerca do papel do homem em sociedade torna-se uma questão sobre como o Estado, forma prevalente de organização social, passa a organizar seu corpo demográfico, e como passa a reger as relações dentro de seu território.

Na contemporaneidade, João Marcelo observa que os desafios do Estado são mais amplos. Saindo das aspirações de igualdade, liberdade e fraternidade das revoluções liberais, o autor nota como esses preceitos foram transformados em dimensões do direito, logo estruturas jurídicas que abordam a sociedade em formas individuais, coletivas e transcoletivas. As bases filosóficas tornaram-se fundamentos argumentativos de um conceito jurídico de uma sociedade muito complexa.

A curiosidade dos primeiros estudos de fôlego, como essa obra, permite ao autor passar por grandes períodos concatenando ideias que se deslocam com os anos. Nesse sentido, *Jurisdição constitucional* é uma obra com a ousadia dos primeiros anos de pesquisa, quando aprendemos a compreender grandes processos. Além disso, ela também apresenta outras características importantes para aqueles que conseguem, ou querem, se lançar no caminho da pesquisa de fôlego: o método e a observação dos fatos.

Um cientista não pode jamais fugir aos fatos. No caso das ciências jurídicas, isso significa compreender o universo jurídico, suas instituições e as ações prevalentes nesse meio. Geralmente isso é feito por uma leitura das cortes, ou das decisões, já que é nesse momento em que o "dever-ser" jurídico adquire uma formulação pragmática. João Marcelo se debruça sobre as cortes constitucionais em busca desses fatos jurídicos dignos de estudo, e a conclusão que parece tirar é de um movimento que caminha entre política e direito. Essa conclusão, para ser atingida, depende também de um método que seja pertinente e capaz de observar os fenômenos a contento. Também aqui a obra mostra qualidade de pesquisa.

A escolha por uma metodologia comparativa coteja duas realidades ao mesmo tempo próximas e dessemelhantes. Brasil e Portugal guardam longa história jurídica conjunta, mas também se distanciam em elementos que, por vezes, podem ser comparáveis, como é o caso da abordagem das cortes constitucionais sobre a principiologia, mas por vezes também podem ser distintos, como nos casos dos sistemas jurídicos comunitários. O autor revela maturidade em perceber como aplicar o método comparativista a realidades que podem sim ser díspares.

Jurisdição constitucional: o controle do voluntarismo judicial em face da banalização dos princípios constitucionais é uma obra relevante que apresenta um novo pesquisador jurídico trilhando os caminhos de estudos. Capaz de apresentar as dúvidas e os caminhos trilhados por alguém que então se iniciava na pesquisa, a obra é ideal para alunos de graduação, que poderão identificar nela suas dúvidas e ter respondidos os primeiros questionamentos sobre como se forma uma realidade jurídica em traços fortes.

Lyon – França, 13 de junho de 2022.

Antonio Euclides Holanda
Doutor em Letras pela Universidade Federal do Ceará. Mestre em Letras pela Universidade Federal do Ceará. Especialista em Direito Internacional. Bacharel em Letras pela Universidade Federal do Ceará. Bacharel em Direito pela Universidade de Fortaleza.

SUMÁRIO

INTRODUÇÃO

Este livro destina-se a responder à indagação de como deve a jurisdição constitucional ser exercida no Brasil de modo a evitar a banalização de princípios constitucionais, acrescido ao final de um capítulo com finalidade comparativa sobre a jurisdição constitucional em Portugal. Ao longo da obra, será feito um estudo acerca dos institutos jurídicos, notadamente a Constituição e a jurisdição constitucional, de maneira sucinta, além de também se contemplar de modo específico a jurisdição nos casos brasileiro e português. Elaborar-se-á um estudo breve, mas que não foge do rigor metodológico que se pretende, acerca do Estado, ente que exerce o monopólio da violência legítima. Obviamente, o Estado não é a sociedade, mas um produto desta enquanto sociedade politicamente organizada ou, simplesmente, sociedade civil. Advertimos o leitor de que não aprofundaremos questões relacionadas à teoria do Estado, ou à teoria do poder político, apenas nos utilizando delas, em parte, para o introito do livro.

Conglobando aspectos da conceituação e do que vem a ser a jurisdição constitucional enquanto meio apto a proteger a Constituição contra processos legislativos que visem fazer com que tenha de ser protegida contra eventuais inconstitucionalidades de leis infraconstitucionais, faz-se a necessária aplicação dos conceitos históricos que deram azo à formação do processo de guarda constitucional por um tribunal constitucional, com ênfase no modelo norte-americano e no modelo austríaco, respectivamente, modelo concentrado e modelo difuso de controle de constitucionalidade.

Prossegue-se, então, em uma análise acerca da teoria das normas fundamentais, fazendo a necessária distinção entre as espécies normativas regras e princípios, sendo por nós conceituadas também as gerações de direitos fundamentais de modo geral. Estas são abrangidas ao largo de três classificações genéricas, por exemplo, a fase dos direitos fundamentais de primeira geração, também chamados de direitos fundamentais de liberdade; a fase dos direitos fundamentais de segunda geração, também chamados de direitos de igualdade; e, por fim, a fase dos direitos fundamentais de terceira geração, também chamados de direitos fundamentais difusos ou transindividuais (metaindividuais).

Nesse ínterim, enfrenta-se também a questão da necessária diferenciação entre as espécies normativas regras e princípios, com suas devidas conceituações e as necessárias explicações acerca das características de cada uma delas. Também será discutida, no segundo capítulo deste livro, a questão acerca dos princípios constitucionais insculpidos na Carta constitucional brasileira. Em continuação ao que foi desenvolvido nos capítulos anteriores, mostram-se ao leitor noções de hermenêutica que auxiliarão no ato de interpretar as normas constitucionais, passando a analisar o horizonte de sentido contido no texto normativo, bem como entrevendo a hermenêutica clássica até chegarmos à hermenêutica constitucional propriamente dita. É necessário ressaltar aspectos linguísticos, bem como da natureza do objeto do estudo hermenêutico, no caso do Direito, suas normas, ou, de modo mais refinado, o resultado da interpretação do texto normativo.

Levando o leitor a perceber a importância da hermenêutica para o processo cognitivo do texto normativo, passa-se a enfrentar a questão das correntes de pensamento hermenêutico, sendo elas a corrente liberal, a comunitarista e a procedimental, conforme se poderá perceber ao longo do livro. Essas mesmas noções de hermenêutica jurídica serão aplicadas à hermenêutica da jurisdição constitucional, estudo que dará o suporte necessário para se concluir a obra no tocante ao exame da utilização de princípios constitucionais pelo Supremo Tribunal Federal e da banalização em seu uso, além de análise de casos por nós promovida.

Por fim, no penúltimo capítulo do livro, enfrenta-se a questão de casos concretos que ensejaram o devido cuidado em examinar a banalização de princípios constitucionais nos julgamentos proferidos pelo Supremo Tribunal Federal, por exemplo, o princípio da dignidade da pessoa humana conjugado com direitos reprodutivos das mulheres em desfavor da norma principiológica do direito à vida, todos contemplados pelo texto constitucional. O último capítulo é dedicado a uma análise comparativa com julgados do Tribunal Constitucional de Portugal (TCP), com vistas a uma comparação entre a jurisdição constitucional brasileira e a portuguesa.

Conclui-se este livro com a defesa do entendimento de que o Supremo Tribunal Federal brasileiro tem abusado dos recursos de relativização de princípios constitucionais, os quais se entende não poderem ser utilizados ao bel-prazer, como, de fato, vem sendo traduzido nas feições do referido tribunal em julgamentos que demonstram um não devido cuidado nessa matéria. Finaliza-se com a defesa de haver no Supremo Tribunal Federal brasileiro uma ausência de coerência constitucional no que toca à aplicação dos princípios da Constituição da República Federativa do Brasil (CRFB). A banalização de princípios constitucionais promovida pela nossa mais alta Corte tem servido para trazer insegurança jurídica, além da deturpação da teoria das normas fundamentais, as quais posicionam o STF em uma situação de incoerência no que se refira a ser o guardião da Constituição.

A bem da verdade, o assunto é complexo, e tão somente neste trabalho tem-se a pretensão de oferecer uma contribuição para a discussão, sem a prepotência de dar uma palavra final à discussão. Resigna-se, assim, a uma posição de humildade em face das descobertas permitidas por essa empreitada.

Capítulo 1

CONSTITUIÇÃO E JURISDIÇÃO CONSTITUCIONAL

Neste primeiro capítulo, é preciso tomar por base a questão do conceito, sentido e extensão de alguns termos que são caros para nosso trabalho. São eles os conceitos de Constituição e o de jurisdição constitucional. De início, pode-se dizer que a ideia de Constituição mantém íntima relação com a ideia de Estado em sua acepção ampla, não nos referindo aqui ao caso de ser o Estado Antigo, Médio, Moderno ou Contemporâneo. Cabe-nos ressaltar que o Estado possui uma gama de atributos, dentre eles o monopólio legítimo do uso da força, também entendido como monopólio do uso da coerção, a qual resulta seguramente, em nosso entender, na ideia de monopólio do provimento da segurança e administração da justiça. Quanto a esta última questão, notavelmente a administração da justiça, em especial sobre a jurisdição constitucional, é o foco do livro, visto que se reputa de suma importância para que se possa entender a questão da jurisdição constitucional.

1.1 DO ESTADO E DE SUA CONSTITUIÇÃO

Estado é força, força essa que se transmite em poder, mais especificamente o poder político. Diz-se isso porque o Estado é um ente político baseado na coerção, afinal é um ente político, e, com o termo política, quer-se dizer toda ação humana voltada para a regulação da vida em sociedade, sendo a coerção uma característica dessa ação humana. Não se desvia do assunto referente à essência do Estado, de modo que se enfrenta tal essência. Não somente força o Estado é, mas também uma situação de fato. Ele existe concretamente e faz parte da realidade social tanto no plano atual quanto no histórico. O Estado também pode ser definido como um conjunto de instituições, não se confundindo com os indivíduos que sob seu domínio se encontram.

O Estado, então, conquanto entidade marcante do cenário político, e sobre o qual se fazem importantes asserções, tem características, i.e., atributos intrínsecos e que constituem verdadeiramente seus traços marcantes. Bonavides (2015a) afirma que o Estado possui elementos de ordem formal e de ordem material. O poder político na sociedade constitui-se em elemento de ordem formal, segundo Paulo Bonavides, enquanto entre os elementos de ordem material encontram-se o elemento humano e o elemento território. Consubstanciando a teoria do Estado, citamos então Jellinek (1921, p. 180-181), "Es ergibt sich somit folgendes: Der Staat ist die mit ursprünglicher Herreschermacht ausgerüstete Verbandseinheit seßhater Menschen"[1].

Ainda nesse sentido, Oppenheimer (1999), ao se perguntar sobre o que constitui o Estado em seu sentido sociológico, chega a afirmar que o Estado é completamente, na sua gênese, e essencialmente, sobretudo durante seus primeiros estágios de existência, uma instituição social, forçada por um grupo vitorioso de homens

[1] Isso resulta no seguinte: O Estado é aquela organização de pessoas sedentárias equipadas com o poder de mando original (tradução nossa).

sobre um grupo derrotado de homens com o único propósito de regular o domínio do grupo vitorioso sobre o dominado.

Para Duguit (*apud* Bonavides, 2015a), o Estado é coletividade, possuidor de características diferenciadas entre fortes e fracos, no qual os fortes lançam mão do domínio da força de maneira centralizada e organizada.

Pensamos que essas sejam visões bem particulares do Estado, uma pura visão sociológica interpretativa de sua realidade social. Algo que pode ficar registrado com o qual concordamos é que o Estado é de fato uma instituição social. Além disso, fica patente que o Estado detém o monopólio da violência[2], que deve se submeter ao princípio da legalidade. Posteriormente será abordado o conceito de legitimidade do poder estatal.

Não interessa aqui somente saber que o Estado nasce do poder político, necessitando tal poder ser legítimo. A legitimidade é uma predicação do poder do Estado, e pode ser predicada caso tal poder esteja em consonância com os interesses do povo. O que se quer expressar aqui é que o poder, conquanto poder estatal, pode ser legal e pode ser legítimo. Será legal quando estiver em conformidade com as leis previamente estabelecidas e em consonância com o princípio do Estado Constitucional de Direito. A palavra "Direito" qualifica o termo "Estado", fazendo com que este adquira um caráter relacionado com a legalidade previamente estabelecida.

Por sua vez, a legitimidade está relacionada a uma questão mais delicada no que se relaciona à questão do poder estatal. Tal legitimidade se refere aos limites a que o poder do Estado está autorizado. Explica-se. A legitimidade relaciona-se com os limites permitidos para que o Estado aja, perfazendo assim um caráter

---

2 Não adentraremos a questão sobre se o Estado possui o monopólio lícito e legítimo da violência, pois não é o objetivo deste livro.

nitidamente mais psicológico diante dos interesses do povo. Pergunta-se quais são as bases que dão esteio para que o Estado aja, i.e., sua esfera de atuação legítima. Chega-se a um norte quando se dispõe a observar este comentário de Robert Nozick:

> The moral prohibitions it is permissible to enforce are the source of whatever legitimacy the state's fundamental coercive power has. (Fundamental coercive power is power not resting upon any consent of the person to whom it is applied.) **This provides a primary arena of state activity, perhaps the only legitimate arena** (NOZICK, 2013, p. 6, grifo nosso).[3]

O que se acaba de citar se relaciona com o fato de que os limites psicológicos do povo, do qual emana todo o poder que pode vir a legitimar o Estado, devem estar consubstanciados aos interesses de tais pessoas. Sem isso em mente, o Estado, ou qualquer pessoa que em nome dele venha a agir, estará violando e, por conseguinte, ultrapassando os limites, i.e., a esfera de atuação permissível deste ente político.

Cumpre, pois, destacar algumas questões acerca da legitimidade do Estado. Sabe-se de antemão que o Estado deve seguir o princípio da legalidade quando se submete ao império das leis a ele impostas. No entanto, não basta que o Estado seja legal; é preciso também que seja legítimo. Com a intenção de clarear mais ao leitor o que vem sendo dito neste livro, veja-se esta explanação do jurista brasileiro Paulo Bonavides (2015a, p. 121): Já a legitimidade tem exigências mais delicadas, visto

---

[3] As proibições morais que são permissíveis de serem aplicadas são a fonte de qualquer legitimidade que o poder coercitivo do Estado venha a ter. (Poder coercitivo fundamental é o poder que não resta sob nenhum consenso de alguma pessoa ao qual venha a ser aplicado.) Isso provê uma área de ação estatal, talvez a única área legítima (tradução nossa).

que levanta o problema de fundo, questionando acerca da justificação e dos valores do poder legal. A legitimidade é a legalidade acrescida de sua valoração.

Ainda nessa toada, Bonavides (2015a) afirma que a legitimidade encarna conceitos de crenças de determinadas épocas, as quais presidem a manifestação do consentimento e da obediência. Concorda-se com o que foi dito, pois tal preceito importa em grande informação para o conceito de legitimidade do Estado. A legitimidade está relacionada a um predicado que necessita de um sujeito, no caso, o Estado. Em outras palavras, a legitimidade é adquirida pelo ente estatal quando este realiza ações dentro dos limites morais reconhecidos pela sociedade, v.g., administração da justiça e provimento da segurança.

Não se pretende alongar por demasiado este estudo acerca da legitimidade do Estado, mas se crê ser necessário pontuar certas considerações sobre dois posicionamentos basilares: o liberalismo político e o comunitarismo político. Ambos com seus defensores, John Locke e Jean-Jacques Rousseau, respectivamente. Desses dois autores surgem visões diferentes, que tomam conta do debate político acerca da legitimidade do Estado, aqui entendido não somente como conjunto de instituições, mas também como um governo civil.

O primeiro entende que o Estado será legítimo quando respeitar a esfera individual de cada um, e.g., provendo a segurança e a administração da justiça; e o segundo entende que o Estado restará como legítimo quando prover o bem comum. Prossegue-se citando John Locke, contratualista moderno, que teoriza acerca do homem em estado de natureza, i.e., um estado em que não haja o governo civil estabelecido. O homem é igualmente livre e igual aos outros[4], e isso fica claro na seguinte passagem sobre o estado de natureza:

> The state of nature has a law of nature to govern it, which obliges every one: and reason, which is that law, teaches all mankind, who will but consult it, that being all equal and independent, **no one ought to harm another in his life, health, liberty, or possessions**: for men being all the workmanship of one omnipotent and infinitely wise Maker; all the servants of one sovereign Master, sent into the world by his order, and about his business; they are his property, whose workmanship they are, made to last during his, not another's pleasure: and being furnished with like faculties, sharing all in one community of nature, there cannot be supposed any such subordination among us that may authorize us to destroy another, as if we were made for one another's uses, as the inferior ranks of creatures are for ours (LOCKE, 2003, p. 102, grifamos)[5].

[4] O Estado de natureza tem uma lei que o governa, a obriga a todos: e a razão, que é tal lei, ensina a toda a humanidade, que há de consultá-la, que, todos sendo iguais e independentes, ninguém deve prejudicar outrem em sua vida, saúde, liberdade ou propriedades: pois os homens, sendo todos a criação de um ser onipotente e infinito; todos servos de um Senhor soberano, enviados a um mundo pela sua ordem e por seu interesse; eles são sua propriedade, de quem a criação eles o são, feitos para durar o quanto a Ele quiser e não à vontade de outrem. E, sendo preenchidos com faculdades iguais, dispondo todos em uma comunidade da natureza, não pode haver nenhuma suposição de subordinação entre nós que possa nos autorizar a destruir uns aos outros como se fôssemos para os fins uns dos outros, assim como criaturas de qualidade inferior são para nós (tradução nossa).

[5] O estado de natureza tem uma lei da natureza para governá-lo, a qual obriga qualquer um; e a razão, a qual é esta lei, ensina a toda a humanidade, quem vai consultá-la, que, todos sendo iguais e independentes, ninguém

Portanto, fica patente que Locke postula uma teoria do jusnaturalismo em sua defesa da esfera de legitimidade do Estado, ou governo civil (*commonwealth*), encarnando nesse sentido uma defesa do Estado, ou *commonwealth* – uma defesa dos direitos naturais. O Estado tem sua esfera de atuação legítima conquanto se mantenha adstrito às funções de proteção da vida, liberdade e propriedade individuais.

Rousseau, por sua vez, usa a terminologia do bem comum. Portanto, é correto dizermos que esse autor pertence a uma corrente de pensamento político comunitarista. Segundo Rousseau, legítimo é o Estado que promove o bem comum. Para que fique claro ao leitor seu posicionamento:

> The first and most important consequence of the principles established above is that the **general will** alone can direct the forces of the State according to the object of its founding, which is the **common good**; for if the opposition of private interests has rendered necessary the establishment of societies, it is concord of these same interests that has rendered it possible. That which is common to these different interests forms the social bond; and unless there were some point in which all interests agree, no society could exist. Now, it is solely with regard

deve ferir outrem na sua vida, saúde, liberdade, ou posses: pois o homem, sendo a mão de obra de um onipotente e infinito e sábio artífice; todos servos de um único Mestre, enviados ao mundo por sua ordem, e sob seu auspício; eles são sua propriedade, do qual mão de obra eles são, feitos para durar para seu, não para outro prazer, compartilhando tudo em sua única comunidade de natureza, não pode ser suposta qualquer subordinação entre nós que possa autorizar-nos a destruir o outro, como se fôssemos feitos para o uso de um ao outro, como os graus inferiores de criaturas são para nós (tradução nossa).

> to this common interest that the society should be governed (ROUSSEAU, 2002, p. 170, grifo nosso).[6]

A legitimidade do Estado, então, na visão de Jean-Jacques Rousseau, reside no governo que promove o bem comum. É um termo vago e que pode servir de esteio para "legitimar" intervenções do Estado na esfera privada que não seriam admitidas em uma esfera liberal.

Dentre as correntes que visam a legitimar o Estado, há que se falar em uma terceira, a saber, as correntes procedimentalista, que pugnam pela legitimação do Estado por uma via procedimental, i.e., uma via discursiva, como meio de se atingir racionalmente um consenso em torno de matérias políticas e jurídicas.

1.1.1 O constitucionalismo moderno

Pode-se afirmar que o constitucionalismo moderno nutre importante relação com o conceito de Estado de Direito, conceito este que surge com o liberalismo do século XIX, conforme Novais (2018). Esse autor afirma que o Estado de Direito pode ser conceituado por meio do fato de ser um Estado com um núcleo de liberdades individuais e direitos fundamentais do cidadão. Ainda segundo o autor, tal forma de manifestação

---

6 A primeira e mais importante consequência dos princípios estabelecidos acima é que a vontade geral sozinha pode dirigir as forças do Estado de acordo com o objetivo de sua fundação, qual seja, o bem comum; pois, se a oposição de interesses privados tem gerado necessariamente o estabelecimento de sociedades, é por causa dessas diferentes formas de interesses que se tem tornado possível. Que o que é comum a essas diferentes formas de interesse que se forma a unidade social; e, a não ser que não haja algum ponto no qual todos os interesses acordem, nenhuma sociedade poderia existir. Agora, é inteiramente em concordância com esse interesse comum que a sociedade deve ser governada (tradução nossa).

política apresenta como outro polo da ideia a limitação jurídica do Estado, bem como dos titulares do poder, que, por sua vez, só se faz perceber com clareza se houver a garantia e a promoção dos direitos fundamentais. Para Novais (2018, p. 26), "Estado de Direito será, então, o Estado vinculado e limitado juridicamente em ordem à protecção, garantia e realização efectiva dos direitos fundamentais, que surgem como indisponíveis perante os detentores do poder e o próprio Estado".

O Estado de Direito tem fundamental importância para o movimento constitucionalista moderno, pois foi com as Constituições setecentistas, i.e., aquelas concebidas no século XVIII, e por que não falar também nas que sofreram influência destas últimas, com característica marcadamente liberal, v.g., as Constituições do século XIX, que surgiu esse conceito importante do Estado de Direito como vetor de Constituições rígidas. Sieyés, em seu livro intitulado *Che cosa* è *il terzo Stato*, aborda a questão dos poderes constituintes e dos poderes constituídos. O poder constituinte, para esse autor, encontra sua fonte de titularidade na nação, que, por sua vez, é preexistente ao Estado, bem como é a origem de tudo. Entendamos leis em sentido lato na seguinte passagem:

> La nazione è preesistente a tutto, è l'origine di tutto. La sua volontà è sempre conforme alla legge, è la legge stessa. Prima e sopra di essa non c'è che il diritto *naturale*. Se vogliamo formarci un'idea esatta dell'ordine in cui vengono emanate dalla volontà della nazione le leggi *positive*, al primo posto dobbiamo porre le leggi *costituzionale*, che si dividono in due specie: quelle che regolano l'organizzazione e le funzioni del corpo *legislativo*. Queste leggi sono definite *fondamentali* non nel senso che possano divenire indipendenti dalla volontà nazionale ma in quanto i corpi che vengono a

> esistenza e operano grazie a esse non possono affato mettervi mano. In ogni sua parte, **la Costituzione non è opera del potere costituito ma del potere costituente. Non esiste nessun potere delegato che possa mutare le condizioni della propria delega.** È in questo senso che le leggi costituzionale sono *fondamentali*. Le prime, quelle costitutive del legislativo, sono *fondate* dalla volontà nazionale prima di qualsiasi Costituzione, e ne formano il primo gradino. Le seconde devono esssere stabilite da una volontà rappresentativa *speciale*. In questo modo, tutti gli elementi del governo si corrispondono e dipendono in ultima analisi dalla nazione. Abbiamo espresso queste idee in modo succinto, ma esatto (SIEYÈS, 2016, p. 78-79, destaques em itálico do autor; negrito nosso)[7].

Percebe-se pelo pensamento de Sieyès que para ele, e assim como também é o pensamento defendido neste livro, o poder constituinte é um poder revolucionário, não conhecendo

[7] A nação é preexistente a tudo, é a origem de tudo. A sua vontade é sempre conforme à lei, é a própria lei. Antes e acima dela não há outra que não o direito natural. Se quisermos formar uma ideia exata da ordem na qual são emanadas da vontade da nação as leis positivas, primeiro devemos pôr a lei constitucional, que se divide em duas espécies: aquelas que regulam a organização e as funções do corpo legislativo. Essas leis são definidas fundamentais não no sentido de que possam tornar-se independentes da vontade da nação, mas enquanto os corpos que venham à existência e operam graças a isso não possam de todo ajudar. Em toda a sua parte, a Constituição não é obra do poder constituído, mas do poder constituinte. Não existe nenhum poder delegado que possa mudar a própria condição em que as leis constitucionais são fundamentais. As primeiras, as quais constituem o legislativo, são fundadas da vontade da nação antes de qualquer Constituição, e formam o primeiro passo. As segundas devem ser estabelecidas de uma vontade representativa especial. Desse modo, todos os elementos do governo se correspondem e dependem em última instância da nação. Havemos expressado essa ideia de modo sucinto, mas exato (tradução livre).

limites a não ser em relação à própria lei natural.[8] Quanto a este último tema, frise-se que não é o propósito deste trabalho fazer uma investigação acerca da limitação do poder constituinte, especialmente com o intuito de investigar suas possíveis limitações, bastando afirmar que o poder constituinte se encontra limitado pela teoria dos direitos fundamentais, razão de ser do próprio Direito Constitucional moderno, o qual retira de sua fonte de legitimidade o respeito a tais direitos.

O Estado, em sua acepção por nós destacada, é um meio de organização social pertencente a sua esfera política. Assim, o conceito de Constituição em sua acepção, v.g., Estado, possui normas que regulam o próprio Estado de tal modo que se pensar a Constituição em seu sentido jurídico-moderno como o próprio direito do Estado. Ao conjunto dessas normas dá-se o nome de Constituição, e ao estudo de tais normas dá-se o nome de Direito Constitucional.

A Constituição, enquanto instrumento normativo, é tributária das Revoluções Liberais, i.e., Revolução Inglesa, Revolução Norte-Americana e Revolução Francesa. Documento importante para o constitucionalismo moderno é o artigo 16 da Declaração dos Direitos do Homem e do Cidadão, de 1789, o qual afirma (França, 1789): "Toute Société dans laquelle la garantie des Droits n'est pas assurée, ni la séparation des Pouvoirs déterminée, n'a point de Constitution". O processo constitucionalizador é histórico e ao mesmo tempo longo. O que nos importa neste momento é salientar o constitucionalismo moderno, fruto

[8] Não se adentrará aqui no debate acerca da existência ou não de uma lei natural ou de um direito natural. Apenas se limitará a dizer que a ideia de um direito natural pressupõe a ideia de uma justiça, ou justo, natural. O que significa dizer que talvez o problema do direito natural esteja mal colocado. Talvez, em vez de se propor um direito natural como sistema normativo natural, possa-se pensar a partir do seu problema principal, qual seja, a justiça como atributo moral natural.

do Iluminismo e das Revoluções Liberais dos séculos XVII e XVIII. Conforme ensina José Joaquim Gomes Canotilho:

> **Constitucionalismo** é a teoria (ou ideologia) que ergue o princípio do governo limitado indispensável à garantia dos direitos em dimensão estruturante da organização político-social de uma comunidade. Neste sentido, o constitucionalismo moderno representará uma *técnica de limitação do poder com fins garantísticos*. O Conceito de constitucionalismo transporta, assim, um claro juízo de valor. É, no fundo, uma *teoria normativa da política*, tal como a teoria da democracia ou a teoria do liberalismo (CANOTILHO, 2003, p. 51, grifo do autor).

Portanto, tem-se que o constitucionalismo encerra um movimento em torno da criação de Constituições político-normativas ao redor do mundo, especialmente no mundo ocidental, com o fito de limitar o poder soberano do monarca. Três são movimentos constitucionais ao redor do mundo basicamente ao início das Revoluções Liberais. São eles o movimento constitucional inglês, o norte-americano e o francês.

O constitucionalismo inglês é peculiar em relação aos outros movimentos constitucionais, ao quais nos referimos, v.g., norte-americano e francês. Isso porque a Inglaterra nunca possuiu uma Constituição escrita como as demais democracias constitucionais do Ocidente. Vigora na Inglaterra verdadeira Constituição histórica, pois essa nação possui de longa data mecanismos de limitação do poder, razão pela qual podemos dizer que a Inglaterra era regida, antes mesmo das Revoluções Liberais dos séculos XVII e XVIII, por um verdadeiro Estado Constitucional de Direito.

Fatos que corroboram nossa crença de que a Inglaterra vivenciou desde muito antes um verdadeiro Estado Constitucional. são a imposição da *Magna Charta Libertatum* desde 1215 sob o Rei João Sem Terra; a *Petition of Rights*, de 1628, que, não tendo sido cumprida pelo Rei Carlos I, resultou na Guerra Civil Inglesa, a qual teve seu fim em 1688-89, com a Revolução Gloriosa, a *Glorious Revolution*. Um conceito importante relativo ao constitucionalismo inglês, então, é o da soberania do parlamento.

O constitucionalismo norte-americano, por sua vez, traz em si arraigada a ideia do "*We the people*", e, com isso, a promulgação da primeira Constituição escrita associa-se ao tipo federativo de Estado. Além disso, tal modelo de constitucionalismo consagrou o *due process of law* e o *rule of law*. Tal modelo é marcadamente liberal, assim como o modelo inglês.

Por fim, cumpre ressaltar a experiência constitucional francesa. Começando pela própria Revolução Francesa, com o início com a Tomada da Bastilha, inicia-se no país, então monárquico, um movimento constitucionalizador. Tal experiência constitucional distingue-se da norte-americana, pois o movimento constitucionalizador francês marcava um rompimento brusco com o passado de modo a não somente escrever a Lei Maior daquele Estado, mas reescrever as bases sociais sob as quais se fundava o novo Estado Constitucional francês, por assim dizer.

1.1.2 A supremacia da Constituição

A palavra "Constituição", proveniente do vocábulo latino "*constituere*", tem o significado de algo que serve de base para, que é o fundamento de. Nesse sentido é que a Constituição é a Norma Fundamental do Estado. Em outro sentido, a Constituição de um Estado provê seu fundamento político e jurídico-normativo. A Constituição nasce, por sua vez, pelo poder constituinte, poder este de características revolucionárias, indomável, do qual se ocupa a seguir.

O conceito de supremacia da Constituição emana do fato de haver Constituições rígidas, as quais possuem prevalência normativa sob normas assim entendidas infraconstitucionais, Deve, portando a Constituição ser tida como algo que está acima das demais normas de um Estado. Tal entendimento legitima o que vem a se chamar de controle de constitucionalidade de leis e atos normativos infraconstitucionais.

Conta Buzanello (1997) que o conceito de supremacia da Constituição faz com que emanem desse vetor axiológico dois corolários também axiológicos, a saber, a hierarquia das normas constitucionais e o controle de constitucionalidade. Entende-se como controle de constitucionalidade o ato político-jurídico que declara uma norma ou ato normativo inconstitucional. Por conseguinte, é ineficaz toda norma que vá de encontro, i.e., que se coloque contra a norma constitucional, extirpando-a do ordenamento jurídico em questão. No caso, o ordenamento jurídico brasileiro.

Tal vetor axiológico, assim como previamente explicado no parágrafo anterior, é questão da maior importância para que haja o controle de constitucionalidade de leis e atos normativos na esfera infraconstitucional do Estado brasileiro. Assim é o conceito de tal importância que ele surge com o constitucionalismo moderno que irá fazer com que as Constituições escritas. Em outras palavras, a existência de Constituições escritas é *conditio sine qua non* para que exista o que se entende por controle de constitucionalidade. Isso porque a Constituição deixa de ser mera folha de papel, conforme prelecionava Lassalle, passando a ter força normativa, conforme Hesse.

Outra questão que importa sobre a supremacia da Constituição decorre do seguinte raciocínio jurídico. Se a Constituição deve prevalecer em relação a outras normas constitucionais, i.e., se deve existir o princípio da supremacia da Constituição, e se tal Constituição possui ritos próprios para elaboração de suas normas, sejam elas pelo poder constituinte originário, ou derivado, seria contraditório pensar que uma norma subordinada ao rito constitucional de elaboração de normas pudesse prevalecer sobre uma disposição de hierarquia superior, i.e., uma disposição constitucional. Com o fito de exemplificar como funciona o conceito de supremacia da Constituição no modelo brasileiro, colacionamos ao nosso posicionamento o voto do Ministro Gilmar Mendes, do STF, no julgamento do Recurso Extraordinário n. 466.343 de 03.12.2008 a respeito da prisão civil do depositário infiel:

> É de ser considerada, no entanto, a dificuldade de adequação dessa tese à realidade de Estados que, como o Brasil, estão fundados em sistemas regidos pelo princípio da supremacia formal e material da Constituição sobre todo o ordenamento jurídico. Entendimento diverso anularia a própria possibilidade do controle da constitucionalidade desses diplomas internacionais. Como deixou enfatizado o STF ao analisar o problema, "assim como não o afirma em relação às leis, a Constituição não precisou dizer-se sobreposta aos tratados: a hierarquia está ínsita em preceitos inequívocos seus, como os que submetem a aprovação e a promulgação das convenções ao processo legislativo ditado pela Constituição [...] e aquele que, em consequência, explicitamente admite o controle da constitucionalidade dos tratados (CF, art. 102, III, *b*)". Os poderes públicos brasileiros não estão menos submetidos à Constituição quando atuam nas relações internacionais em exercício do *treaty-making power*. Os tratados e convenções devem ser celebrados em consonância não só com o

> procedimento formal descrito na Constituição, mas com respeito ao seu conteúdo material, especialmente em tema de direitos e garantias fundamentais (RE 466.343, rel. Min. Cezar Peluso, voto do Min. Gilmar Mendes, j. 03.12.2008, P, *DJE* de 05.06.2009).

Com esse julgado da lavra de nosso Pretório Excelso, termina-se este subcapítulo e parte-se para a análise do modelo norte-americano de jurisdição constitucional, de extrema importância para o surgimento da jurisdição constitucional no mundo, em especial no Brasil.

1.2 O MODELO NORTE-AMERICANO

O modelo norte-americano de controle de constitucionalidade, também chamado de *judicial review*, pode ser compreendido com base no julgamento histórico protagonizado pelo peticionário William Marbury e pelo demandado James Madison, ficando tal caso marcado como caso *Marbury v. Madison*. Destaca-se o fato de a doutrina do *judicial review* já vir a ser preconizada por James Madison em *O Federalista*, n. 78, em que aborda a questão de o Poder Judiciário não ter participação nas questões executivas e legislativas, de modo que não deteria a espada, representação dada ao Poder Executivo, nem à riqueza, representação dada ao Poder Legislativo.

> Whoever attentively considers the different departments of power must perceive, that, in government in which they are separated from each other, the judiciary, from the nature of its functions, will always be the least dangerous to the political rights of the Constitution; because it will be least in capacity to annoy or injure them. The executive not only dispenses the honors, but holds the sword of the community. The legislature not only

> commands the purse, but prescribes the rules by which the duties and rights of every citizen are to be regulated. **The judiciary, on the contrary, has no influence over either the purse; no direction either of the strength or of the wealth of the society; and can take no active resolution whatever. It may truly be said to have neither FORCE or WILL, but merely judgement; and must ultimately depend upon the aid of the executive arm for the efficacious exercise of this faculty** (HAMILTON; JAY; MADISON, 2001, p. 496, grifo nosso).

Tal foi o julgamento decidido pela Suprema Corte dos Estados Unidos da América, a *Supreme Court*, que em 1803 atendeu a uma demanda judicial em que figuravam como partes William Marbury e James Madison. O precedente *Marbury vs. Madison* foi sustentado em face do princípio da supremacia da Constituição em conformidade com a rigidez constitucional, hodiernamente atribuída às Constituições escritas, assim como é a Constituição dos Estados Unidos da América. Em consonância com o que foi visto a respeito da supremacia da Constituição, traz-se a comento a preleção de Paulo Bonavides:

> O sistema das Constituição rígidas assenta numa distinção primacial entre poder constituinte e poderes constituídos. Disso resulta a superioridade da lei constitucional, obra do poder constituinte, sobre a lei ordinária, simples ato do poder constituído, um poder inferior, de competência limitada pela Constituição mesma (BONAVIDES, 2016, p. 303).

Ora, o que acaba de ser dito é de extrema importância para o modelo jurídico de controle de constitucionalidade, pois graças a esse entendimento é que se pode justificar o controle de constitucionalidade de leis e atos normativos infraconstitucionais em face da Constituição do Estado. Não obstante tal entendimento, veja-se o que preconiza a Constituição norte-americana a respeito de pressupostos que serviram de base para que o *Chief Justice* Marshall se utilizasse deles para declarar nula a lei federal que dava embasamento jurídico ao *writ of mandamus* a William Marbury em face de James Madison.

> The judicial power shall extend to all cases in law and equity arising under this Constitution, the laws of the United States, and treatise made, or which shall be made, under their authority; [...] (ESTADOS UNIDOS DA AMÉRICA, Constitution of the United States, 1787)[9].

Antes de acrescer considerações ao que se acaba de citar, pede-se permissão ao leitor para que fazer outra citação dessa mesma Constituição, de salutar importância, haja vista que há uma conjugação de ideias entre as citações.

> This Constitution, and the laws of the United States which shall be made in persuance thereof; and all treaties made, or which shall be made, under the authority of the United States, shall be the supreme law of the land; and the judges in every State shall be bound thereby, [...] (ESTADOS UNIDOS DA AMÉRICA, Constitution of the United States, 1787).[10]

9 O Poder Judiciário deve se estender para todos os casos no direito e equidade surgindo sobre esta Constituição, as leis dos Estados Unidos, e os tratados firmados, ou que hão de ser firmados, sob essa autoridade (tradução nossa).

10 Esta Constituição, e as leis dos Estados Unidos as quais devem ser feitas em persuasão, portanto, e todos os tratados firmados, ou que hão de ser firmados, sob a autoridade dos Estados Unidos, devem ser a lei suprema da nação; e os juízes em todos Estado devem ser submetidos a ela, portanto (tradução nossa).

Com essas passagens da Constituição norte-americana pode-se entender que de certo modo está consubstanciado o princípio da supremacia da Constituição, bem como o da inafastabilidade da jurisdição constitucional norte-americana, o que contribuiu para a formação do fenômeno do *judicial review* daquele país[11]. Encerra-se mais um subcapítulo do livro citando um trecho da famosa decisão do julgamento proferido pela Suprema Corte dos Estados Unidos da América no caso *Marbury v. Madison*.

1.3 O MODELO AUSTRÍACO

O modelo austríaco de controle de constitucionalidade ao qual se refere aqui é o introduzido pela Constituição da Áustria de 1º de outubro de 1920. Nela foi introduzido o modelo de controle concentrado de constitucionalidade em contraposição ao modelo do controle difuso, protagonizado pela Constituição dos Estados Unidos da América. Conforme esse modelo de controle de constitucionalidade, um órgão específico de aplicação das leis, i.e., o Poder Judiciário, apreciaria a relação de constitucionalidade entre dada lei, ou ato normativo, e a Constituição de determinado Estado. Kelsen, ao comentar as desvantagens do sistema difuso de controle de constitucionalidade, afirma:

> The disadvantage of this solution consists in the fact that the different law-applying organs may have different opinions with regard to the constitutionality of a statute, and that, therefore, one organ may apply the statute because it regards as constitutional whereas the other organ will refuse the application on the ground

[11] Além das já mencionadas questões pertinentes à Constituição norte-americana, citemos, pois, parte do entendimento firmado por James Madison em *O Federalista*, n. 78.

> of its alleged unconstitutionality. The lack of a uniform decision of the question as to whether a statute is constitutional, i.e. whether the constitution is violated is a great danger to the authority of the constitution (KELSEN, 1942, p. 185, grifo nosso)[12].

Vislumbra-se, então, de acordo com o que acabamos de mencionar no bojo dessa investigação, que, segundo o pensamento de Hans Kelsen, o controle de constitucionalidade difuso, i.e., aquele praticado nos Estados Unidos da América, havia um inconveniente teórico e prático: a possibilidade de tal órgão do Poder Judiciário declarar a invalidade de determinada norma legal infraconstitucional, sendo que tal declaração apenas surtiria efeitos no caso concreto e não de modo geral. O segundo inconveniente seria o de que não haveria uniformidade entre as decisões de tal órgão judiciário, o que inviabilizaria a própria noção de autoridade da Constituição. Com esses problemas em mente, e pensando em resolvê-los, foi que a Constituição austríaca de 1920 se preocupou em disciplinar o controle concentrado de constitucionalidade de leis e atos normativos. Podemos inferir do Texto Constitucional da Áustria de 1920, em seu artigo 140, a questão da declaração de inconstitucionalidade de lei em face da Constituição. Senão vejamos:

[12] O fato de que um órgão aplicador da lei declara uma lei inconstitucional e não a aplica em determinado caso significa que esse órgão está autorizado a invalidar uma norma genérica a um caso concreto; mas apenas para o caso concreto, visto que a norma geral como tal – o estatuto, a ordenança – permanece válida e pode, portanto, ser aplicada em outros casos. A desvantagem dessa solução consiste no fato de que os diferentes órgãos aplicadores da lei podem ter diferentes opiniões com respeito à constitucionalidade de um estatuto, e isso, portanto, um órgão pode aplicar o estatuto, porque o reconhece como constitucional onde outro órgão irá recusar a aplicação na base de sua suposta inconstitucionalidade. A falta de uma decisão uniforme sobre a questão sobre se o estatuto é constitucional, i.e., se a Constituição é violada, é um grande perigo para a autoridade da Constituição (tradução nossa).

> Der Verfassungsgerichtshof erkennt über Verfassungswidrigkeit
>
> 1. von Gesetzen
>
> a) auf Antrag eines Gerichtes
>
> b) von Amts wegen, wenn er das Gesetz in einer bei ihm anhängigen Rechtssache anzuwenden hätte
>
> c) auf Antrag einer Person, die unmittelbar durch diese Verfassungswidrigkeit in ihren Rechten verletzt zu sein behauptet, wenn das Gesetz ohne Fällung einer gerichtlichen Entscheidung oder ohne Erlassung eines Bescheides für diese Person wirksam geworden ist;
>
> d) auf Antrag einer Person, die als Partei einer von einem ordentlichen Gericht in erster Instanz entschiedenen Rechtssache wegen Anwendung eines verfassungswidrigen Gesetzes in ihren Rechten verletzt zu sein behauptet, aus Anlass eines gegen diese Entscheidung erhobenen Rechtsmittels (ÁUSTRIA, Verfassung, 1920)[13].

Portanto, pelo que se pode notar, tal Constituição assegura o controle de constitucionalidade concentrado, segundo o qual uma Corte Constitucional decide sobre matérias de constitucionalidade ou inconstitucionalidade de leis e atos

[13] Artigo 140. A Corte Constitucional pronuncia-se sobre julgamentos de inconstitucionalidade.

1. De Leis: a) Sobre aplicação de uma Corte; b) *ex officio,* desde que ela tenha que aplicar determinada Lei num processo trazido perante a ela; c) em aplicação por uma pessoa que alega ter seus direitos constitucionais violados diretamente por inconstitucionalidade, se o ato normativo tiver produzido efeitos sem ter sido exarada uma decisão judicial ou uma ordem ter sido exarada produzindo efeitos para uma pessoa; d) por aplicação por uma pessoa que, como parte de uma matéria que tenha sido decidida por uma Corte de primeira instância, alega violação de seus direitos por causa da aplicação de uma Lei inconstitucional, na ocasião de uma apelação protocolada contra essa decisão.

normativos. Dessa forma, um único órgão incumbido do controle de constitucionalidade ou da jurisdição constitucional deverá ser o responsável por exercer a guarda constitucional.

1.4 O MODELO BRASILEIRO

Por fim, no último tópico deste capítulo do livro, será abordada a questão do controle de constitucionalidade de leis e atos normativos sob a perspectiva da ótica jurídico-constitucional brasileira. À guisa de esclarecimento, tem-se que o modelo de controle de constitucionalidade brasileiro encontra remoto precedente na forma de um controle político nominal realizado pela Assembleia Geral com fundamento no artigo 15, IX, da Constituição do Império, datada de 1824. Ressalta-se que o modelo do *judicial review* foi instaurado oficialmente a partir da Constituição provisória de 1890, instaurada pelo Decreto n. 914-A, datado de 23 de outubro de 1890, conjuntamente com o Decreto n. 848, datado de 11 de outubro de 1890, em seu artigo 3º, o qual dispõe acerca da possibilidade do controle judicial das leis em face da Constituição.

O modelo brasileiro de controle de constitucionalidade pode ser chamado de misto, haja vista que possui mecanismos do controle de constitucionalidade difuso, proveniente do *judicial review* norte-americano, e reminiscências do controle concentrado de constitucionalidade de origem austríaca, porque conta com um tribunal que agrega competências de uma corte constitucional para realizar o referido controle. Portanto, a Constituição da República Federativa do Brasil de 1988, possui em seu bojo normativo mecanismos de controle difuso de constitucionalidade, que podemos entender como o controle segundo o qual o juiz deixa de aplicar norma que repute inconstitucional a pedido de uma das partes no processo por via de exceção processual.

Em segundo caso, o controle concentrado de leis e atos normativos deverá ser feito em conformidade com o art. 102

da CR/88, que declara o Supremo Tribunal Federal responsável pela guarda da Constituição. O STF é, então, o guardião da Constituição. Com o fito de exemplificar como funciona o sistema de controle de constitucionalidade no ordenamento jurídico brasileiro é que trazemos este voto do Ministro Moreira Alves no ato do julgamento da Questão de Ordem na Ação Direta de Inconstitucionalidade n. 97:

> No sistema de controle difuso de constitucionalidade de ato normativo vigora indiscutivelmente o princípio da presunção da constitucionalidade do ato normativo impugnado como inconstitucional, princípio esse que as nossas Constituições têm consagrado com a regra de que a declaração de inconstitucionalidade pelos tribunais só pode ser feita com o voto da maioria absoluta de seus membros ou dos membros do respectivo órgão especial (nesse sentido, ainda agora, o art. 97 da Constituição). Com o parágrafo 3º do art. 103, inequivocamente, se estendeu esse princípio à ação direta de inconstitucionalidade, dando-se à presunção de constitucionalidade do ato normativo – e ela existe quer quanto à norma federal, quer quanto à norma estadual – um curador especial, que, assim, nesse processo objetivo tem papel diverso do da Procuradoria-Geral da República, embora ambos defendam relevantes interesses públicos. De feito, o advogado-geral da União, como curador especial, defende a presunção de constitucionalidade do ato normativo, ao passo que o procurador-geral da República defende a rigorosa observância da Constituição, ainda que, como fiscal da aplicação da lei, tenha que manifestar-se pela inconstitucionalidade do ato normativo objeto da ação direta. E – note-se – essa posição de imparcialidade do fiscal da aplicação da lei que é o procurador-geral da República está preservada

> ainda quando é ele o autor da ação direta, certo como é que, mesmo ocupando essa posição nesse processo objetivo, pode ele, afinal, manifestar-se contra a inconstitucionalidade que arguiu na inicial. Ademais, houve por bem a Constituição atual dar esse curador especial à presunção de constitucionalidade do ato normativo impugnado porque, não raras vezes, o legitimado passivamente não assume a defesa da constitucionalidade desse ato, adstringindo-se a prestar informações objetivas de andamento do processo de sua elaboração, ou – o que, vez por outra, ocorre – se desinteressa de sua defesa, ou, até, sustenta sua inconstitucionalidade, por motivos políticos de mudança de governo (BRASIL, Supremo Tribunal Federal, 1989).

Conforme visto, todo ato normativo, seja ele primário ou secundário, goza da presunção de constitucionalidade, por uma questão que se reputa característica da segurança jurídica do ordenamento jurídico pátrio. Dito isso, conclui-se o primeiro capítulo na esperança de haver atingido o objetivo de exposição da origem histórica e teórica do controle de constitucionalidade no mundo, segundo o modelo norte-americano e o austríaco, e finalmente no Brasil.

Capítulo 2

TEORIA DAS NORMAS FUNDAMENTAIS

Este segundo capítulo do livro principia por tratar da teoria das normas fundamentais concernentes à nossa Constituição da República de 1988, a qual ocupa um importante lugar neste trabalho, haja vista que seu tema principal são os princípios constitucionais e sua possível banalização. Faz-se, pois, uma conceituação para fins de abordagem do que vem a ser entendido como norma fundamental e, por sua vez, como direito fundamental.

A norma jurídica, enquanto pertencente ao direito, possui em seu bojo semântico um enunciado normativo, que se traduz em norma jurídica. Tal norma expressa um padrão de correção de conduta, seja permitindo, regulando ou proibindo determinada conduta e aplicando sanções para o caso de infração de certas condutas humanas contrárias ao ordenamento jurídico. As normas, portanto, além de serem aqui tratadas como criadas por atos de vontade, são objeto de critérios de validade. Nesse sentido, temos o magistério de Robert Alexy:

> Se se faz menção a fatos sociais, como, por exemplo, a obediência regular à prescrição normativa, aliada a um sentimento de vinculação, ou a alternativa entre cumprimento e sanção para o não cumprimento, trata-se, então, de uma teoria *sociológica* da validade. Se se menciona a edição por uma autoridade cuja competência deriva de uma norma de nível superior, deve-se falar em teoria *jurídica* da validade. Quando se vê uma razão moral, como, por exemplo, uma "lei natural", como fundamento de validade, está-se diante de uma teoria *ética* da validade (ALEXY, 2017a, p. 60-61, grifo do original).

Portanto, aduzindo o que foi dito, faz-se uma síntese de nossa explanação até o presente momento. A norma é expressa por um enunciado normativo, sendo um padrão de correção de conduta humana. Prosseguindo nesse feito, cita-se o magistério de Alexy (2017a), o qual ensina a respeito da chamada disposição de direito fundamental que expressa uma norma de direito fundamental.

Ainda segundo o raciocínio de Alexy (2017a), disposições de direitos fundamentais podem ser de dois tipos. O primeiro, o qual se relaciona o conceito de Carl Schmitt, é o substancial-estrutural, que designa como disposição de preceito fundamental apenas as normas que possuem um aspecto substancial - v.g., relativo ao fato de serem tidas como fundamento do próprio Estado –, associado com o fato de serem também tidas com uma estrutura de modelo de Estado - v.g., Estado Liberal. Outra possibilidade seria pensarmos em um modelo puramente estrutural, segundo o qual apenas seriam disposições de direitos fundamentais as normas que prescrevessem direitos subjetivos aos seus titulares.

A norma fundamental, assim como se pôde constatar no capítulo anterior, mantém íntima relação com o constitucionalismo moderno e, por que não dizer, com o que se convencionou chamar de neoconstitucionalismo, i.e., o movimento constitucional do pós-Segunda Grande Guerra, com a valorização da positivação de princípios constitucionais nas Constituições após esse período em países da Europa continental. Para Bonavides (2016, p. 574), "Criar e manter os pressupostos elementares de uma vida na liberdade e na dignidade humana, eis aquilo que os direitos fundamentais almejam segundo Hesse". Tomando essa ideia por base, temos que essa é uma conceituação, sim, embora possa ser compreendida de forma lata, dizendo respeito à finalidade dos assim chamados direitos fundamentais.

Classificam-se, didaticamente, os direitos fundamentais em três períodos, ou paradigmas, de seu desenvolvimento: o período liberal; o período da igualdade, também chamado de período social, tendo em vista o surgimento do Estado Constitucional Social de Direito; e, mais recentemente, o período dos direitos fundamentais de terceira geração, podendo ser chamados de direitos fundamentais transindividuais, devido ao caráter de difícil identificação de seus titulares, ou mesmo à impossibilidade de identificar quem são os titulares de tais direitos; nesse caso é considerada titular de tais direitos toda a coletividade.

Pode-se classificar os períodos de tais direitos fundamentais em três: liberdade, igualdade e fraternidade. O primeiro período dos direitos fundamentais corresponde ao seu aspecto de eficácia vertical, visto serem direitos que possuem caráter eminentemente de liberdades individuais contra o arbítrio estatal, pressupondo um não fazer por parte do Estado ou uma ação negativa desse ente; em segundo lugar, os direitos fundamentais de segunda geração, dotados de eficácia horizontal e que podem ser exigidos contra os semelhantes, pressupondo uma ação positiva do Estado ou um fazer por parte do mesmo ente, como é o caso dos direitos sociais fundamentais; por fim, temos os direitos fundamentais de terceira geração, que podem ser entendidos como direitos cuja titularidade é difícil caracterizar. Possuem esses direitos eficácia, digamos nestes termos, diagonal, haja vista que podem ser opostos contra terceiros, i.e., eficácia horizontal, além de sua notória eficácia vertical, daí chamar-lhes de direitos que possuem eficácia diagonal. A ideia, ou teoria, de norma constitucional mantém íntima relação com a ideia de Constituição, modelo pelo qual o poder político do Estado e da sociedade é revelado e se mantém vigente. Temos, para Paulo Bonavides:

> A teoria das Constituições, produto da razão humana, ou seja, de reflexões racionalistas acerca de um modelo lógico de organização política da Sociedade, conduziu à elaboração de uma primeira camada de Constituições, de acentuado teor revolucionário e inspiração jusnaturalista (BONAVIDES, 2016, p. 229).

Pode-se ver, igualmente, que as Constituições, então, possuem normas fruto da razão humana, em clara contraposição ao período do Estado policial, ou absolutista, anterior e que não mais representava os interesses vigentes na sociedade individualista do século XIX. Portanto, a razão humana, com inspiração marcadamente jusnaturalista, influenciará a teorização dos direitos fundamentais individuais do século XIX, proveniente desses modelos constitucionais. O caráter jusnaturalista de tais direitos indica que o homem, enquanto ser dotado de racionalidade, possui direitos que lhe são caros e inalienáveis. Nem mesmo o Estado pode revogá-los ou negar-lhes provimento, devendo reconhecê-los e respeitá-los. Não obstante, eis o posicionamento de Paulo Bonavides:

> Em suma, no Estado liberal do século XIX a Constituição disciplinava somente o poder estatal e os direitos individuais (direitos civis e direitos políticos) ao passo que hoje o Estado social do século XX regula uma esfera muito mais ampla: o poder estatal, a Sociedade e o indivíduo (BONAVIDES, 2016, p. 233).

Convém ressaltar, a título de contraposição ao que acabamos de dizer, i.e., a respeito dos direitos fundamentais individuais de primeira geração, a tese socialista dos direitos fundamentais, que considera os direitos fundamentais alicerçados sob o auspício da individualidade humana nos dizeres de Karl Marx, citado por Canotilho (2003, p. 1401), "... a essência do homem não é uma abstração inerente aos indivíduos isolados. Na sua realidade é um conjunto de relações sociais". Isso representa o caráter eminentemente coletivista da teoria socialista dos direitos fundamentais, pois, para Marx, o homem, e consequentemente seus direitos fundamentais, não podem ser considerados sob a égide da ideia de individualidade; isso seria ter em mente uma ideia voltada para mera abstração. Não obstante, o que se tem é uma visão de que os direitos fundamentais provenientes do constitucionalismo liberal oitocentista e novecentista representam apenas uma pretensão de individualidade egoísta, uma vez que o homem, enquanto ser social, na visão marxista, completa-se na vida na sociedade, sendo suas pretensões de direitos simples pretensões egoístas. No mesmo toar, prossegue-se:

> Assim, nenhum dos pretensos direitos do homem ultrapassa o homem egoísta, o homem enquanto membro da sociedade burguesa, isto é, o indivíduo separado da comunidade, ensimesmado, preocupado apenas com o seu interesse pessoal, obedecendo apenas à sua arbitrariedade privada (MARX, *apud* Canotilho, 2003, p. 1401).

Havendo sido perfilhado tal caminho de dar luz à tese socialista de direitos fundamentais, serão realizadas algumas considerações acerca do que foi até aqui exposto. Pode-se perceber que, além de ser anti-individualista, tal tese perscruta um caráter de ênfase no ente coletivo, sendo elevado ao *status* de realização do indivíduo pelo qual este passa a ser tratado como possuidor de um desejo proveniente da ficção, i.e., um desejo privado individual.

A temática dos direitos fundamentais, a fim de encerrar este primeiro momento do segundo capítulo do livro, acredita-se haver sido por exposta de maneira incisiva, embora não exaustiva. Passa-se agora a tratar do próximo assunto do capítulo, qual seja, a diferenciação entre as normas fundamentais.

2.1 REGRAS E PRINCÍPIOS FUNDAMENTAIS

Abordar-se-á a seguir a necessária distinção, para nosso trabalho, entre normas jurídicas, em duas grandes subcategorias. A primeira delas é a categoria das regras, e a segunda é a dos princípios. Uma possível classificação entre as normas fundamentais vem a ser, então, a proposta por Robert Alexy, juspublicista alemão, que distingue as normas fundamentais entre normas principiológicas e normas regras. Explica-se a seguir o desenvolvimento dessa temática.

Permita-se uma breve introdução sobre o que vem a ser uma norma. Na posição adotada neste livro, uma norma equivale a uma disposição da ação humana, não se confundindo com um simples comando. Aqui, pois, define-se norma como uma disposição deôntica, i.e., expressa pela fórmula de dever, ou também dever ser. Sob esse aspecto, salienta-se que tanto regras quanto princípios são espécies do gênero norma. Nesse sentido, compartilha-se o posicionamento de Robert Alexy:

> Tanto as regras quanto princípios são normas, porque ambos dizem o que deve ser. Ambos podem ser formulados por meio de expressões deônticas básicas do dever, da permissão e da proibição. Princípios são, tanto quando as regras, razões para juízos concretos de dever-ser, ainda que de espécie muito diferente. A distinção entre regras e princípios é, portanto, uma distinção entre duas espécies de normas (ALEXY, 2017, p. 87).

Acrescente-se o fato de que as regras têm um caráter "tudo ou nada", ao passo que quando se fala em princípios a lógica estruturante não opera da mesma forma. A diferença entre os dois, i.e., entre regras e princípios, conquanto normas jurídicas, repousa em uma diferenciação lógica ou estrutural. Conforme Dworkin:

> The difference between legal principles and legal rules is a logical distinction. Both sets of standards point to particular decisions about legal obligations in particular circumstances, but they differ in the character of the direction they give. Rules are applicable in an all-or-nothing fashion. If the facts a rule stipulates are given, then either the rule is

> valid, in which case the answer it supplies must be accepted, or it is not, in which case it contributes nothing to the decision (DWORKIN, 1967, p. 25)[1].

Tende-se a concordar com o pensamento de Dworkin pelo seguinte motivo: a norma do tipo regra se rege por um caráter tudo ou nada, haja vista que ou se cumpre a regra ou simplesmente não se a cumpre. Todavia, a norma do tipo princípio é regida por um critério de maximização ou otimização de sua disposição normativa, visto que o princípio não conflita do modo tudo ou nada com outra regra, mas, antes disso, conflita com outro princípio que, no caso em análise, cederá ou não lugar. Um dos dois, ou mais, princípios haverá de ter preferência sob a incidência de outro. Nesse sentido, caso uma regra conflite com outra, deve haver entendimento no sentido do caráter válido ou inválido, v.g., tudo ou nada, na interpretação do texto normativo, ou enunciado normativo. Assim, quando o assunto tem relação com o fato de a regra jurídica vir a ser interpretada, deve-se entender como algo que ou se aplica totalmente, ou não se aplica totalmente.

Não obstante o que mencionamos de Dworkin, faz-se necessária a distinção agora entre normas principiológicas e normas regras. Para o jusfilósofo Dworkin, a diferença entre regras e princípios dá-se também no campo do peso de valoração de cada um. Conforme referido, as regras jurídicas são regidas pela *ratio* do tudo ou nada, ao passo que os princípios não o

[1] A diferença entre princípios legais e regras legais é uma distinção lógica. Ambos estabelecem padrões para decisões particulares sobre obrigações legais em circunstâncias particulares, mas diferem quanto à característica de direção que dão. Regras são aplicáveis à maneira tudo ou nada. Se os fatos que uma regra estipula são dados, então ou a regra é válida, caso em que a resposta que isso supre deve ser aceita, ou não é, caso em que isso contribui em nada para a decisão (tradução nossa).

são. Além disso, há de se ressaltar a questão do peso dos princípios. As normas principiológicas não devem ser aplicadas sob a *ratio* do tudo ou nada; devem ser aplicadas segundo a *ratio* do peso de cada princípio ao caso concreto. Senão, vejamos:

> The first difference between rules and principles entails another. Principles have a dimension that rules do not – the dimensions of weight or importance. When principles intersect (the policy of protecting automobile consumers intersecting with principles of freedom of contract, for example), one who must resolve the conflict has to take into account the relative weight of each. This cannot be, of course, an exact measurement, and the judgement that a particular principle or policy is more important than another will often be a controversial one. Nevertheless, it is an integral part of the concept of a principle that it has this dimension, that it makes sense to ask how important or how weighty it is (DWORKIN, 1967, p. 27)[2].

Tendo sido enfrentadas tais temáticas até aqui, o próximo tema a tratar são as características de tais espécies normativas. Escolhe-se por questão de conveniência a questão da abrangência,

2 A primeira diferença entre regras e princípios acompanha outra. Os princípios têm uma dimensão que as regras não têm – a dimensão de peso ou importância. Quando princípios colidem (a política de proteção de consumidores automobilísticos colidindo com os princípios de liberdade contratual, por exemplo), alguém que deva resolver os conflitos deve ter em conta os pesos relativos de cada um. Isso não pode ser, por óbvio, uma mensuração exata, e o julgamento de que um princípio particular ou político é mais importante que outra será geralmente controverso. Não obstante, faz parte do conceito geral de princípio que ele tenha essa dimensão, que faça sentido perguntar quão importante ou quão pesado seja (tradução nossa).

também chamada de generalidade. Nos ensinamentos de Robert Alexy (2017b), dentre diversos critérios para a distinção entre as regras e os princípios, pode-se elencar a questão de sua generalidade. Isso significa dizer que os princípios apresentam uma generalidade, ou abstração, maior em relação às regras.

Como exemplo para maior clareza pode-se citar a norma enunciada no art. 242, § 2º, da CRFB/88: "O Colégio Pedro II, localizado na cidade do Rio de Janeiro, será mantido na órbita federal". Por sua vez, um exemplo de caráter eminentemente principiológico e, portanto, com notável abstração é o da norma contida no texto normativo do art. 5º, LVI: "são inadmissíveis, no processo, as provas obtidas por meios ilícitos".

Também se pode afirmar que a distinção entre regra e princípio é mais de grau do que de qualidade, haja vista que a regra, como já salientado, é cumprida na sua inteireza ou rejeitada na sua inteireza. O mesmo não se pode dizer dos princípios, que possuem caráter de otimização, devendo ser aplicados de modo a ter a maior eficácia normativa, respeitados os limites fáticos e jurídicos. Nos dizeres de Alexy:

> O ponto decisivo na distinção entre regras e princípios é que *princípios* são normas que ordenam que algo seja realizado na maior medida possível dentro das possibilidades jurídicas e fáticas existentes. Princípios são, por conseguinte, *mandamentos de otimização*, que são caracterizados por poderem ser satisfeitos em graus variados e pelo fato de que a medida devida de sua satisfação não depende somente das possibilidades fáticas, mas também das possibilidades jurídicas (ALEXY, 2017b, p. 90, grifo do autor).

Havendo sido dito isso, há neste momento maior segurança para avançar na temática relativa às normas principiológicas contidas no Texto Constitucional brasileiro de 1988. O leitor poderá perceber que tal temática homenageará os princípios que hão de ser trabalhados ao término do livro, especialmente no capítulo 4. Tem-se então uma importante distinção entre as normas que expressam regras e as que expressam princípios. Aquelas encerram uma ideia de cumprimento ou não cumprimento absoluto; em outras palavras, ou se aplica a norma regra por completo, ou não; por sua vez, a norma principiológica possui um caráter de otimização do direito. São normas de conteúdo esparso, passíveis de serem submetidas à técnica da ponderação, a qual se explicará mais adiante.

Se um direito, entendido na norma jurídica que incide sobre um particular, for entendido como norma regra e se houver um problema de aplicação dessa norma-regra, o problema pode ser resolvido por meio das exceções que, por vezes, podem vir a ser apresentadas no próprio texto da Constituição. A título de exemplo, temos a norma-regra na Constituição da República Federativa do Brasil a respeito dos direitos de nacionalidade para brasileiros natos, os quais recebem a outorga de nacionalidade do Estado por ato de nascença, e os direitos de nacionalidade advindos para os estrangeiros que desejem se naturalizar, ou seja, para os naturalizados. Respectivamente, temos o art. 12, I, da CRFB/88 e o art. 12, II.

Para evitar conflitos de ordem de tratamento entre brasileiros natos e naturalizados, a Constituição brasileira (1988), em seu art. 12, § 2º, preconiza que: "A lei não poderá estabelecer distinção entre brasileiros natos e naturalizados, salvo nos casos previstos nesta Constituição". Com isso pode-se ter em mente como opera uma norma-regra constitucional, possuindo total aplicabilidade ou total inaplicabilidade. Todavia, não se furtará aqui ao ato de apresentar ao leitor a posição de Humberto Ávila sobre o assunto. A linguagem desempenha um importante papel para o fenômeno jurídico, i.e., o direito. Humberto Ávila, ao considerar as atribuições da linguagem no Direito, explora suas nuances ao afirmar que:

> A questão nuclear disso tudo está no fato de que o intérprete não atribui "o" significado correto aos termos legais. Ele tão só constrói exemplos de uso da linguagem ou versões de significado – sentidos –, já que a linguagem nunca é algo pré-dado, mas algo que se concretiza no uso ou, melhor, como uso (ÁVILA, 2019, p. 23-24).

A partir dessa ideia pode-se ter em mente que a linguagem tem especial relevo no desenvolvimento jurídico no que toca ao fato de o intérprete reconstruir a partir de dados linguísticos preconcebidos por ele sua interpretação do texto. Isso é de extrema importância para o presente caso, pois é a partir desses dados que o Poder Judiciário aplicará seu entendimento a casos concretos.

Portanto, pode-se concluir que a questão a que se cinge neste momento é a de que não pode simplesmente o Poder Judiciário alimentar uma cultura voluntarista, pois deve ter como base de sua atuação a lei e, mais do que isso, a própria Constituição a que se submete. Conforme Ávila:

> A conclusão trivial é a de que o Poder Judiciário e a Ciência do Direito constroem significados, mas enfrentam limites cuja desconsideração cria um descompasso entre a previsão constitucional e o direito constitucional concretizado (ÁVILA, 2019, p. 25).

Consequentemente, diz-se que ao intérprete, conforme explicitado, cabe a reconstrução do sentido do texto normativo, além de não se subsumir somente a meras questões reprodutivas de significados já previamente estabelecidos. Não obstante, há de se entender que a distinção entre regras e princípios, a despeito do teor alhures apresentado, abre espaço para que se possa ater à distinção proposta por Humberto Ávila e, consequentemente, compará-la, em modo de digressão, com a diferenciação proposta por Robert Alexy e Ronald Dworkin.

Para Ávila (2019, p. 26, grifo do original), "O decisivo, por enquanto, é saber que a qualificação de determinadas normas como *princípios* ou como *regras* depende da colaboração construtiva do intérprete". Com essa passagem, pode-se acrescentar que, enquanto as regras pressupõem obrigações absolutas, os princípios constituem-se em obrigações *prima facie*, o que importa dizer que os princípios têm caráter de obrigação pré-constituída que pode, ou não, ceder em face de outro princípio com maior preferência em um caso concreto. Embora outrora se pudesse conceber tal ideia, mister se faz agora compreender o seguinte enunciado proposto por Humberto Ávila e que nos acrescenta com sua teoria a respeito da distinção entre regras e princípios:

> Claro está, que qualquer classificação das espécies normativas será inadequada se não fornecer critérios minimamente seguros de antecipação das características normativas, nem minorar a sobrecarga argumentativa que pesa sobre o aplicador (ÁVILA, 2019, p. 57).

A respeito da referência feita a Ávila, interessa o fato de que as espécies normativas devem ser classificadas segundo características que resvalam em sua carga argumentativa.

Um exemplo disso é a característica axiológica da distinção entre regras e princípios. A partir de tal característica é que se pode começar a explorar a diferenciação entre as espécies normativas.

As normas, conseguintemente, podem ser analisadas por dois pontos de vista, então. Um, *prima facie*, que analisa a partir do plano abstrato da norma para o plano conclusivo, realizando uma análise da norma com base no caso concreto. Todavia, em consonância com a nossa linha argumentativa, desenvolvida anteriormente, pode-se perceber que tal critério de distinção de normas, em caráter abstrato e concreto, merece ser superado, tendo em vista que essas classificações não são suficientes para versar de modo satisfatório sobre a distinção. Isso porque, conforme visto, o papel do intérprete é reconstrutivo, i.e., o intérprete reconstrói a norma a partir do texto normativo, por isso somente o plano abstrato, ou somente o plano concreto, ou até mesmo ambos, não são suficientes para realizar de modo satisfatório tal distinção, que se reputa necessária.

Por isso, defende-se aqui o caráter axiológico da análise das espécies normativas, a fim de que se possa enxergar com clareza a real distinção entre regras e princípios no que tange ao fato de eles poderem ser entendidos como pertencentes a um caráter pluridimensional. Em outras palavras, um mesmo dispositivo normativo pode ser visto tanto como regra quanto como princípio a depender do seu modo de análise.

Afirma-se, assim, que as normas fundamentais não gozam do caráter principiológico nem do caráter de regra em si, a depender da análise em face do caso concreto. Com isso quer-se dizer que a hermenêutica do caso concreto é que determinará se a norma fundamental será apreciada como regra ou como princípio, devendo, pois, no primeiro caso, ser aplicada sob o enfoque de tudo ou nada; e, no segundo, ser aplicada sob o enfoque do sopesamento diante do choque com outros princípios fundamentais.

2.2 A TÉCNICA DA PONDERAÇÃO EM FACE DO CHOQUE DE PRINCÍPIOS FUNDAMENTAIS

A técnica da ponderação dos princípios fundamentais, os quais são espécie do gênero norma fundamental, encontra guarida na tentativa de fornecer uma justificação racional à aplicação do direito no caso concreto. Isso encontra total respaldo no caráter *prima facie* dos princípios.

> A dogmática jurídica é em grande medida, uma tentativa de se dar uma resposta racionalmente fundamentada a questões axiológicas que foram deixadas em aberto pelo material normativo previamente determinado. Isso faz com que a dogmática jurídica seja confrontada com o problema da possibilidade de fundamentação racional dos juízos de valor (ALEXY, 2017b, p. 36).

É sabido que no ambiente pátrio não existe hierarquia entre normas constitucionais, conforme entendeu o Supremo Tribunal Federal na Ação Direta de Constitucionalidade n. 815, de 1996, sob a relatoria do Ministro Moreira Alves. A seguir temos a ementa do acórdão:

> EMENTA: Ação direta de inconstitucionalidade. Parágrafos 1º e 2º do artigo 45 da Constituição Federal. – **A tese de que há hierarquia entre normas constitucionais originárias dando azo à declaração de inconstitucionalidade de umas em face de outras é incompossível**

> **com o sistema de Constituição rígida.** – Na atual Carta Magna "compete ao Supremo Tribunal Federal, precipuamente, a guarda da Constituição" (artigo 102, "caput"), **o que implica dizer que essa jurisdição lhe é atribuída para impedir que se desrespeite a Constituição como um todo, e não para, com relação a ela, exercer o papel de fiscal do Poder Constituinte originário**, a fim de verificar se este teria, ou não, violado os princípios de direito suprapositivo que ele próprio havia incluído no texto da mesma Constituição. – Por outro lado, as cláusulas pétreas não podem ser invocadas para sustentação da tese da inconstitucionalidade de normas constitucionais inferiores em face de normas constitucionais superiores, porquanto a Constituição as prevê apenas como limites ao Poder Constituinte derivado ao rever ou ao emendar a Constituição elaborada pelo Poder Constituinte originário, e não como abarcando normas cuja observância se impôs ao próprio Poder Constituinte originário com relação às outras que não sejam consideradas como cláusulas pétreas, e, portanto, possam ser emendadas. Ação não conhecida por impossibilidade jurídica do pedido (BRASIL, Supremo Tribunal Federal, 1996, grifou-se).

Conforme o entendimento de que não há hierarquia entre normas constitucionais e, por conseguinte, normas constitucionais fundamentais, havemos de ressaltar a não existência de hierarquia entre normas constitucionais, sejam elas princípios ou regras. Dito isso, passemos ao desenvolvimento da matéria, a respeito da teoria das normas principiológicas e das normas regras. Importa salientar o fato de que, quando as regras se encontram em contraposição normativa, i.e., em caso de antinomia, há de se valer de técnicas de apreciação para que uma delas seja extirpada do ordenamento jurídico.

Explica-se com mais vagar. As regras ou são válidas ou são inválidas. É isso. Em última instância, ou elas estão de acordo com o ordenamento jurídico ou não estão. Faz-se então uma síntese dessas afirmações. Se a regra A tem a pretensão de valer em determinado ordenamento jurídico e a regra B tem a pretensão de valer sob o mesmo ordenamento, ambas disciplinando a mesma matéria em situações contrárias, uma delas deve ser extirpada do ordenamento jurídico para que este mantenha a coerência normativa. Outra solução seria a regra A conter uma exceção B que incidisse somente em certos casos. Nos demais casos, em não havendo possibilidade de conciliação entre as duas regras, apenas uma delas haverá de prevalecer a despeito da outra.

Passa-se a avaliar como proceder a respeito da colisão de princípios. Tomando por base a premissa de que os princípios possuem caráter de otimização, ou seja, devem ser interpretados de modo a conferir a eles a máxima eficácia normativa, afirma Alexy:

> O ponto decisivo na distinção entre regras e princípios é que *princípios* são normas que ordenam que algo seja realizado na maior medida possível dentro das possibilidades jurídicas e fáticas existentes. Princípios são, por conseguinte, *mandamentos de otimização*, que são caracterizados por poderem ser satisfeitos em graus variados e pelo fato de que a medida de sua satisfação não depende somente das possibilidades fáticas, mas também das possibilidades jurídicas (ALEXY, 2017b, p. 90).

Segundo Alexy (2017b), a colisão entre princípios deve ser interpretada de modo completamente diferente. Isso porque os princípios não operam sob o auspício da validade, mas sim sob o do peso concernente ao caso concreto. Significa dizer que, se um princípio colidir com outro, um dos dois haverá de ceder, dando lugar, ou, melhor dizendo, preferência ao outro princípio, por causa do peso conferido a ele no caso concreto.

Portanto, havendo colisão de princípios fundamentais, há de considerar-se a técnica do sopesamento para o correto deslinde do conflito. Isso nos leva a considerar, por exemplo, duas normas principiológicas P1 e P2 sendo que uma delas deve prevalecer no caso concreto, gerando P, precedente em caso de colisão entre os dois princípios. Também pode ocorrer que uma norma principiológica P1 preceda outra norma principiológica P2 sob determinadas condições, chamadas de C. Tenha-se em mente que nenhum princípio goza de precedência sob outro abstratamente, gozando toda norma constitucional da mesma hierarquia constitucional, conforme se pode depreender do julgamento mencionado anteriormente na Ação Direta de Inconstitucionalidade nº 815 pelo Supremo Tribunal Federal:

> EMENTA: Ação direta de inconstitucionalidade. Parágrafos 1º e 2º do artigo 45 da Constituição Federal. - A tese de que há hierarquia entre normas constitucionais originárias dando azo à declaração de inconstitucionalidade de umas em face de outras é incompossível com o sistema de Constituição rígida. - **Na atual Carta Magna "compete ao Supremo Tribunal Federal, precipuamente, a guarda da Constituição" (artigo 102, "caput"), o que implica dizer que essa jurisdição lhe é atribuída para impedir que se desrespeite a Constituição como um todo, e não para, com relação a ela, exercer o papel de fiscal do Poder Constituinte originário, a fim de verificar se este teria, ou não, violado os princípios de direito suprapositivo** que ele próprio havia incluído no texto da mesma Constituição. - Por outro lado, as cláusulas pétreas não podem

> ser invocadas para sustentação da tese da inconstitucionalidade de normas constitucionais inferiores em face de normas constitucionais superiores, porquanto a Constituição as prevê apenas como limites ao Poder Constituinte derivado ao rever ou ao emendar a Constituição elaborada pelo Poder Constituinte originário, e não como abarcando normas cuja observância se impôs ao próprio Poder Constituinte originário com relação às outras que não sejam consideradas como cláusulas pétreas, e, portanto, possam ser emendadas. Ação não conhecida por impossibilidade jurídica do pedido (BRASIL, 1996, grifamos).

O que acabamos de ver pode ser expresso na seguinte fórmula: (P1 P P2) C, ou seja, a norma P1 precede a P2 sob a condição C, gerando R como resposta jurídica lógica para o caso concreto. O leitor pode se questionar a respeito do motivo de haver uma condição C para a preferência P de P1 sobre P2. A resposta é que nenhuma norma constitucional, portanto nenhuma norma constitucional de caráter principiológico, goza de precedência sobre outra norma principiológica, haja vista as normas principiológicas serem possuidoras do caráter de otimização. Portanto, uma fórmula de precedência como (P1 P P2) ou (P2 P P1) sem uma condição C não gera a possibilidade de se analisar *in concreto* qual princípio deve ceder em face de outro. Assim, somente é possível a formulação de precedência de uma norma principiológica P1 sobre uma norma principiológica P2 se, e somente se, houver uma condição C. Tomemos por base Alexy:

> Essa lei, que será chamada de "lei de colisão", é um dos fundamentos da teoria dos princípios aqui defendida. Ela reflete a natureza dos princípios como mandamentos de

> otimização: em primeiro lugar, **a inexistência de relação absoluta de precedência** e, em segundo lugar, sua referência a ações que não são quantificáveis. Ao mesmo tempo, constituem eles a base para a resposta a objeções que se apoiam na proximidade da teoria dos princípios com a teoria dos valores (ALEXY, 2017b, p. 99, grifo nosso).

Portanto, para cada condição C há de se pensar em possíveis pesos atribuídos aos princípios, por exemplo, T1, T2, T3 etc., para que no caso concreto seja decidido qual princípio deve ceder e dar precedência ao outro princípio que esteja em vias de colisão. Prosseguindo, tem-se que um ordenamento jurídico não pode prever princípios absolutos pelo motivo de que os princípios ou se referem a interesses coletivos ou a interesses individuais. Se um princípio fosse absoluto, isso significaria que, no caso de colisão de normas, esse princípio absoluto sempre gozaria de preferência em face dos demais princípios.

Todavia, conforme afirmado, caso um princípio garantisse direitos individuais e fosse considerado absoluto, isso significaria uma situação contraditória, pois, se uma pessoa tivesse um direito absoluto fundamentado em um princípio também absoluto, todos os indivíduos que também estivessem fundamentados pelo princípio absoluto deveriam ceder em face do mesmo princípio absoluto. Em outras palavras, o caráter absoluto de um princípio, ou direito, como queira, acabaria por atingir o caráter absoluto do mesmo princípio, desta vez sendo titular outra pessoa[3].

---

[3] O que se está a dizer é que o caráter absoluto de um direito sendo titular uma pessoa, caso isso fosse possível acabaria por invalidar parcela do mesmo direito absoluto sendo titular pessoa diversa. Ou seja, o direito em abstrato e absoluto de P1 invalidaria o caráter abstrato e absoluto do direito de P2.

Outrossim, se um princípio que atendesse a interesses coletivos fosse absoluto, isso implicaria dizer que onde quer que tal princípio tocasse não poderia haver direitos fundamentais, porque estes gozam de caráter contramajoritário. Conforme Robert Alexy:

> É fácil argumentar contra a existência de princípios absolutos em um ordenamento jurídico que inclua direitos fundamentais. Princípios podem se referir a interesses coletivos ou a direitos individuais. Se um princípio se refere a interesses coletivos e é absoluto, as normas de direitos fundamentais não podem estabelecer limites jurídicos a ele. Assim, até onde o princípio absoluto alcançar não pode haver direitos fundamentais. Se o princípio absoluto garante direitos individuais, a ausência de limites desse princípio levaria à seguinte situação contraditória: em caso de colisão, os direitos de cada indivíduo, fundamentados pelo princípio absoluto, teriam que ceder em favor dos direitos de todos os indivíduos, também fundamentados pelo princípio absoluto. Diante disso, ou os princípios absolutos não são compatíveis com direitos individuais, ou os direitos individuais fundamentados pelos princípios absolutos não podem ser garantidos a mais de um sujeito de direito (ALEXY, 2017b, p. 111).

Com o que se disse, pode-se haver por certo que resta, então, por impossibilitada a existência dentro de um ordenamento jurídico, com especial relevância para o ordenamento jurídico brasileiro, a existência de normas principiológicas absolutas, o que serve para que se possa defender o posicionamento de que deve haver o sopesamento de normas principiológicas nos moldes até aqui defendidos.

> Art. 5º Todos são iguais perante a lei, sem distinção de qualquer natureza, garantindo-se aos brasileiros e aos estrangeiros residentes no País a inviolabilidade do direito à vida, à liberdade, à igualdade, à segurança e à propriedade, nos termos seguintes:
>
> [...]
>
> § 2º Os direitos e garantias expressos nesta Constituição não excluem outros decorrentes do regime e dos princípios por ela adotados, ou dos tratados internacionais em que a República Federativa do Brasil seja parte (BRASIL, 1988).

Além disso, pode-se afirmar que os direitos fundamentais estão espraiados por toda a Constituição republicana pátria, haja vista a própria previsão constitucional de seu art. 5º, § 2º. Com isso, tem-se esteio constitucional para afirmar que os direitos fundamentais não estão somente circunscritos ao Título II da Constituição pátria. Deve-se, pois, entender que se inserem em uma perspectiva vasta perante o ordenamento jurídico-constitucional pátrio, o que autoriza a continuar o entendimento no sentido de afirmar que as normas de direitos fundamentais não se revestem de caráter principiológico nem de caráter de regra tão somente em si, mas na medida em que se encontram em face do caso concreto. É dizer que uma norma, por exemplo, como a disposta no art. 5º, LVII, que preconiza que "ninguém será considerado culpado até o trânsito em julgado de sentença penal condenatória", não é em sua essência princípio nem regra. Sua classificação quanto a essas espécies normativas dependerá do caso concreto.

Capítulo 3

JURISDIÇÃO CONSTITUCIONAL E HERMENÊUTICA

A jurisdição constitucional deve se restringir a cuidar da guarda da Constituição, conforme já salientado. Para que esse mister se cumpra de modo eficiente, há de se prestigiar o uso da hermenêutica concernente às normas constitucionais.

> A garantia jurisdicional da Constituição - a jurisdição constitucional - é um elemento do sistema de medidas técnicas que tem por fim garantir o exercício regular das funções estatais. Essas funções também têm um caráter jurídico: elas consistem em atos jurídicos. São atos de criação de direito, isto é, de normas jurídicas, ou atos de execução de direito criado, isto é, de normas jurídicas já estabelecidas (KELSEN, 2003, p. 121-122).

Com isso quer-se dizer mais uma vez que a jurisdição constitucional é o meio pelo qual se defende juridicamente a

Constituição contra normas que conflitem com ela, é dizer, com normas que se ponham em oposição à Constituição. O Texto Constitucional brasileiro opta por um sistema de jurisdição constitucional representado pelo Supremo Tribunal Federal, com atribuições de um tribunal constitucional, detendo, além de competências de um tribunal comum, competência para realizar o controle de constitucionalidade de leis e atos normativos federais que, conforme visto, cheguem a conflitar *in abstrato* com a Constituição brasileira, possam ser extirpados do ordenamento jurídico pátrio. Salvaguarda-se assim a constitucionalidade, aqui entendida como o respeito às normas constitucionais, e surge a necessidade de interpretar a Constituição diante de um caso concreto para que se possa chegar a uma adequada defesa da Carta.

A questão que se põe adiante fica clara quando, por exemplo, diante de tal cenário jurídico processual constitucional, o Supremo Tribunal Federal é instado a se manifestar sobre a constitucionalidade ou inconstitucionalidade de uma lei ou ato normativo *in abstrato* devendo decidir então *in concreto*. Ora se entende dever existir então um juízo hermenêutico para que se estabeleça a ponderação de direitos fundamentais conjugada com uma vertente hermenêutica com atribuição de representar a melhor manifestação ao caso *sub judice*.

Magalhães Filho (2011) ensina que a hermenêutica surgiu a princípio na teologia, mais especificamente na teologia cristã, com o intuito de aprimorá-la, e mais tarde veio a migrar para a filosofia e para o Direito. Prossegue o autor frisando que o termo "hermenêutica" provavelmente advém do nome grego Hermes, o Deus da mitologia grega encarregado de inventar a escrita e a linguagem.

A hermenêutica trata da interpretação de textos, no caso em questão, de textos normativos, que são passíveis e devem ser interpretados com a finalidade de transmitir as normas, a serem interpretadas e aplicadas, no caso do qual tratamos, pelo Supremo Tribunal Federal. No mesmo sentido, pode-se entender a hermenêutica como a teoria da interpretação, e a interpretação como o ato de estabelecer o sentido de um texto, por exemplo, um texto normativo.

Todavia, deve-se ter em mente que a hermenêutica, aqui entendida como ramo do saber filosófico, é um campo do conhecimento que se depara com a questão de dar sentido aos textos aos quais se propõe examinar. Sobre isso tem-se o entendimento de que a hermenêutica tem profunda importância para o intérprete do Direito, haja vista que os textos normativos não se confundem com as normas, mas antes são objeto de interpretação, esta sim podendo estabelecer uma norma.

O intento deste capítulo é o de realizar um estudo acerca da interpretação de textos jurídicos para que se possa averiguar de que modo se há de dar uma correta interpretação ao referido texto normativo e constitucional. Começa-se pela parte da norma e seu horizonte de sentido para, depois, avançar em nosso estudo mostrando três correntes de interpretação de textos normativos, quais sejam, a teoria liberal, a comunitarista e a procedimental de textos normativos, aplicadas à interpretação constitucional.

Todavia, faça-se uma ressalva. O que se defende neste trabalho é que o processo interpretativo não se confunda com um processo criativo do direito, confundindo-se desse modo com uma verdadeira usurpação por parte do intérprete a respeito de quem realmente tem a competência para legislar. Conforme Bonavides:

> A verdadeira interpretação para alguns é no entanto aquela que se contém nos limites da lei (*secundum legem*). Quando passa porém da lei e invoca institutos afins, já não seria em rigor interpretação senão analogia (*praeter legem*). Se, enfim, conclui em sentido contrário à lei é *criação* jurídica, com o intérprete se arvorando tacitamente em substituto do legislador, que lhe não foram cometidas, e só por um abuso ou excesso de linguagem se poderia ainda nesse caso falar de interpretação (BONAVIDES, 2016, p. 453, grifo do autor).

De acordo com o trecho citado, acredita-se que tenha ficado clara a posição a ser defendida por este trabalho: a de que haja respeito e valorização da lei por quem a aplica, mais especificamente voltado para o caso sob comento de nosso órgão jurisdicional incumbido de realizar a guarda constitucional.

3.1 NORMA E HORIZONTE DE SENTIDO

A norma é o resultado da interpretação de um texto normativo. A ideia é a de que haja uma necessária e correta diferenciação entre norma e texto normativo, este o objeto da interpretação, hermenêutica, jurídica, e aquela o resultado da interpretação realizada pelo intérprete do texto normativo. Sendo assim, podemos afirmar que texto normativo é o horizonte de sentido, i.e., o parâmetro de possibilidades interpretativas do qual se pode extrair a norma jurídica.

Concomitantemente, salienta-se a importante contribuição de Hans Kelsen, exposta em sua obra *Reine Rechtslehre*, ocasião em que teoriza acerca da teoria da moldura normativa, que, em outras palavras, preconiza que o texto normativo se reveste de possibilidade interpretativa. A possibilidade interpretativa significa que o intérprete do texto normativo vê diante de si um inúmero de possibilidades dentre as quais ele pode escolher para fundamentar sua decisão jurídica, no caso, por exemplo, de magistrados do Supremo Tribunal Federal brasileiro. Conforme Kelsen:

> Versteht man unter „Interpretation" die erkentnismäßige feststellung des Sinnes des zu interpretatierenden Objektes, so kann das Eigebnis eines Rechtsinterpretationen nur die Feststellung des Rahmens sein, den das zu interpretatierende Recht darstellt, und damit die Erkentnis mehrerer Möglichkeiten, die innerhalb dieses Rahmens gegeben sind. Dann muß die Interpretation eines Gesetzes nicht notwendig zu eines einzigen Entscheidung als weise zu mehreren führen, die allesofern sie nur an dem anzuwendenden Gesetz gemessen werdengleichwertig sind, wenn auch nur eine einzige von ihren im Akt des rechtsanwendenden Organs, insbesondere des Gerichtes, positives Recht wird. Daß ein richterliches Urteil im Gesetz begründet ist, bedeutet in Wahrheit nichts anderes, als daß es sich innerhalb des Rahmens hält den das Gesetz darstellt, bedeutet nicht, daß es *die*, sondern nur, daß es *eine* der individuellen Normen ist, die innerhalb des Rahmens der generellen Norm erzeugt werden können (KELSEN, 1960, p. 601, grifo no original)[1].

---

[1] Se entendemos por "interpretação" o conhecimento baseado no significado do objeto a ser interpretado, então o resultado da interpretação jurídica só pode ser a determinação da moldura, o que representa o Direito a ser interpretado e, consequentemente, o conhecimento de várias possibilidades, as quais são dadas dentro dessa moldura. Então, a interpretação da lei não deve necessariamente

Com essa passagem de Kelsen quer-se afirmar que o espectro interpretativo dentro do qual o intérprete legal se circunscreve obriga-o a respeitar os limites do texto normativo. Isso significa dizer que o texto normativo impõe ao seu intérprete limites que este deve respeitar tendo como base o respeito ao próprio Texto Constitucional, como será visto mais adiante, no capítulo 4.

Acrescenta-se, conforme Savigny, citado por Larenz (1997, p. 10), a noção de "reconstrução do pensamento que é expresso na lei, na medida em que seja cognoscível a partir da lei". Com base nisso afirmamos que interpretar significa dar sentido ao texto que se põe como objeto de análise interpretativa. Na ciência hermenêutica pode-se diferenciar o objeto cognoscível, o ser cognoscente, o eu cognoscente, e a atividade empregada pelo eu cognoscente para chegar ao conhecimento. Falcão (2013) esclarece que desse modo o eu ante o objeto encontra sua onticidade em um processo recíproco, pois não se pode falar do eu cognoscente sem o objeto, ser, cognoscível. Ou seja, suas onticidades estão inter-relacionadas. O eu que conhece depende do objeto conhecido. Diante dessa atividade de desvendar os mistérios e dar sentido ao texto objeto de interpretação é que encontramos sentido nas palavras de Falcão:

> Assim, para que se dê o conhecimento, o eu que conhece, ou busca conhecer, há de se defrontar com o objeto cognoscível. Enquanto um não se põe ante o outro,

levar-nos a uma única decisão que seja reputada correta, mas a várias na medida em que sejam medidas pela lei a ser aplicada, se apenas uma delas no ato de o corpo aplicar a lei, em particular o direito positivo da Corte. O fato de que o julgamento proferido pelo juiz sob uma lei não representa nada além da aplicação da lei se encontra dentro da moldura que a lei representa, não significa que seja *a*, mas apenas que seja *uma*, norma individual, que esteja dentro da moldura em que podem ser geradas (tradução nossa).

> numa necessária posição de reciprocidade, não há como sequer pensar-se na ocorrência de um processo de conhecimento. O que vem anteriormente a isso é apenas um pré-momento qualquer, de algo, que poderá até nem ser um pré-momento de conhecimento. É tão só um pré-momento, de algo. Mas, não no tempo de um dado, de um certo evento cognitivo (FALCÃO, 2013, p. 15).

O sentido no objeto de conhecimento é inesgotável, porque o sentido pertence ao mundo das ideias e as ideias são concebidas pela mente humana, que não conhece limites a não ser os da lógica. Magalhães Filho (2015) ensina que a linguagem, vista por alguns filósofos como o fator determinante entre o ser cognoscente e objeto cognoscível, ou seja, a mediadora entre esse diálogo que possibilita o conhecimento, não parece ser caso de a linguagem privar-nos do conhecimento, ou de pelo menos ser um meio que dificulte nosso conhecimento, haja vista alguns outros filósofos sustentarem a ideia de que a pluralidade de linguagens acabaria por distanciar as comunidades humanas em seu processo de conhecimento dos objetos.

A respeito de haver uma realidade objetiva a ser descoberta pelos seres cognoscentes, Magalhães Filho (2015, p. 14) afirma que "Não haveria linguagem descritiva se não houvesse um mundo objetivo a ser percebido, nem linguagem expressiva se não houvesse identidade de sentimentos entre os homens, nem linguagem prescritiva se não houvesse consciência". Esse posicionamento parece convincente pelo fato de traduzir um fator de objetividade em vez de uma incerteza relativista. Arremata-se afirmando que não parece fazer sentido que a linguagem seja usada para confundir, senão para fazer-nos entender uns aos outros. A linguagem desempenha, portanto, um importante papel na formação do conhecimento humano, i.e., na sua compreensão, pois é a mediadora de tal entendimento, a via de possibilidade entre ser e objeto. Segundo Habermas, citado por Magalhães Filho:

> Os participantes da comunicação podem se entender por cima dos limites dos mundos da vida divergentes, porque eles, com a visão de um mundo objetivo comum, se orientam pela exigência da verdade, isto é, da validade incondicional de suas afirmações (HABERMAS, *apud* MAGALHÃES FILHO, 2015, p. 14).

Portanto, tem-se que a linguagem medeia a comunicação humana e, portanto, medeia o conhecimento, pois este se faz transportar por meio da linguagem. Uma posição niilista da linguagem não é válida, i.e., uma posição negativa do valor da linguagem em asseverar a verdade, pois, caso uma pessoa afirme que não existe verdade, incorre em contradição performativa, pois seu ato de argumentar refuta-a imediatamente. Afinal, toda afirmação tem a pretensão de validade e, consequentemente, de verdade.

A respeito de algumas acepções da teoria da linguagem, pode-se indicar alguns pontos a serem por nós considerados. O primeiro desses pontos é a consideração sobre ser a linguagem é convencional. Defensores dessa corrente de pensamento sustentam que a linguagem e, por conseguinte, a língua seriam nada mais que mera convenção entre os falantes do mesmo idioma. Distanciam-se desse posicionamento os defensores da linguagem como linguagem natural. Por sua vez, os defensores dessa linha de pensamento defendem que os símbolos linguísticos representam de modo natural uma relação entre o objeto representado pela linguagem e a língua em si.

Não obstante situar-se o leitor em um a das duas teorias da linguagem, i.e., como convenção ou como naturalismo linguístico, o que importa aqui é o fato de que a linguagem medeia o conhecimento e o pensamento humano. É graças a ela que podem os seres racionais exprimir suas emoções, desejos, pensamentos, ideias etc., e por meio dela pode-se utilizar da interpretação para desvendar o significado de termos linguísticos e de textos. Acerca do objeto de análise da hermenêutica jurídica, diz-se que é o texto normativo, o qual, por meio da interpretação humana, resulta em uma norma. Conforme se pode extrair de Ricardo Guastini:

> Una norma è, in ultima istanza, un enunciato prescrittivo condizionale che connette ad una data circostanza, assunta come condizione, un dato effeto giuridico, come sua conseguenza: "Se si verifica la fattispecie f, allora segue la conseguenza giudirica g". Una norma sulla produzione giudirica, in particolare, è una norma che connette al verificarsi di un certo atto o fatto la nascita di norme giuridiche (GUASTINI, 1993, p. 2)[2].

O que se acaba de afirmar corrobora o entendimento já firmado de que norma jurídica provém do texto normativo. Isso se relaciona com o conceito de hermenêutica exposto de antemão ao leitor, podendo ser dito, mais a fundo no sentido do que se defende, assim como Guastini o defende, que há uma devida separação entre os termos "norma" e "texto normativo".

---

[2] Uma norma é, em última instância, um enunciado prescritivo condicional que conecta a uma dada circunstância, assumindo como condição um dado efeito jurídico, como sua consequência: "Se se verifica o fato típico f, agora segue a consequência jurídica g". Uma norma sobre a produção jurídica, em particular, é uma norma que conecta à verificação de certo ato o nascimento de normas jurídicas (tradução nossa).

3.2 LIBERALISMO E HERMENÊUTICA

Havendo sido até aqui referenciada a questão inicial da hermenêutica jurídica, avança-se no estudo para perfilhar o entravamento teórico da hermenêutica liberal. Entende-se que poderá o leitor porventura se perguntar do que se trata tal assunto, retratado neste subcapítulo sobre de liberalismo e hermenêutica. Responde-se que se trata de uma abordagem teórica acerca do modo como se deve interpretar o texto normativo constitucional.

A hermenêutica jurisdicional constitucional de matiz liberal se assenta em certos pressupostos que servem de base para tal compreensão hermenêutica do texto normativo constitucional. São eles: (a) a liberdade, entendida como valor fundamental do ser humano, i.e., do indivíduo; e também (b) o reconhecimento e a valorização do provimento da segurança; e, por fim, (c) a administração da justiça.

Assim, os valores elencados para uma correta compreensão da hermenêutica jurisdicional constitucional, devem, pois, ser entendidos sob a análise de casos trazidos perante um tribunal constitucional que os paute pela ideia de individualização, além de se entender que não deve o Poder Judiciário se alinhar a criações judiciais. Portanto, conforme o que se disse acerca dos pressupostos de tal modelo interpretativo, deve o Poder Judiciário valorizar os direitos individuais fundamentais em face dos anseios coletivos constituintes de um dos pressupostos marcantes desse modelo hermenêutico constitucional. Segundo Marcel Moraes Mota:

> A atividade do juiz, em nome da segurança jurídica, não poderia resultar na criação de normas, afinal isso significaria que o juiz estaria, por meio de usurpação

> da competência constitucionalmente deferida ao legislador, impondo normas novas de forma retroativa. Se o indivíduo não tem como saber que normas regem suas relações jurídicas, não tem como planejar o resultado de suas ações, nem agir da forma que lhe aprouver para o pleno desenvolvimento de sua personalidade, garantido por sua autonomia privada (MOTA, 2015, p. 198).

Ademais, conforme visto, quanto à atividade do juiz, em uma concepção absenteísta de modelo de Estado Liberal clássico, não deve o Estado-juiz inovar legislativamente no ordenamento jurídico vigente, devendo apenas intervir como defensor da legalidade já preconizada pelo legislador, este sim com legitimidade para tal inovação jurídica. Em outras palavras, o juiz deveria tão somente ater-se ao papel de legislador negativo, retirando do ordenamento jurídico as normas que porventura viessem a conflitar com a Constituição.

Não é diferente o pensamento de Locke (2003, p. 155), o qual entende que o papel mais importante que leva o ser humano a agregar-se a uma sociedade política é a necessidade de preservar seus direitos naturais, entre os quais lhe pertence, em sua teoria política, o direito natural de propriedade. Tal direito deve encontrar respaldo em: (a) leis previamente estabelecidas; (b) um juiz imparcial para dirimir conflitos entre os homens; e, por último, (c) um poder, aqui entendido como coerção legítima, para que se possa aplicar a lei previamente estabelecida pelo juiz imparcial[3].

[3] Na filosofia contratualista lockeana de matiz liberal, tem-se um modelo de justificação do poder político estatal, e.g., *commonwealth*, o qual vem a ser entendido como um modelo de preservação da ordem jurídica preestabelecida por meio de um juiz imparcial e resguardado por um poder apto a preservar as decisões judiciais, conferindo-lhes eficácia perante quem a ela se opuser.

É imperioso ressaltar, outrossim, que a questão da legitimidade jurisdicional constitucional em uma perspectiva liberal recai sob o aspecto da não interferência do poder jurisdicional no que concerne à competência precípua do legislador em nome da separação dos Poderes e da igualdade formal, i.e., perante a lei.

3.3 COMUNITARISMO E HERMENÊUTICA

Por sua vez, a ideia de jurisdição constitucional comunitarista pauta-se pela noção de bem comum, ou ainda pela de justiça social, termos que, embora juridicamente vagos, comportam mais de uma possibilidade de interpretação, servindo na prática para o elastecimento do papel atribuído ao Poder Judiciário, especialmente no caso sob comento de um tribunal constitucional. Tal cenário abre possibilidade para maior atuação positiva do Poder Judiciário na esfera individual, que, sob essa perspectiva, restaria então por legitimada. O contratualismo de Rousseau exprime bem a ideia de liberdade positiva, segundo a qual o homem é livre na medida em que sua vontade particular encontra guarida na vontade geral da nação por meio do contrato social. Diante desse tipo de liberdade, dá-se ensejo ao Estado Social. Citamos mais uma vez Morais Mota:

> O conceito de liberdade positiva contribuiu para construir o arcabouço do princípio da socialidade do Estado, ou do princípio do Estado Social, antítese do Estado Liberal, por assumir a incumbência de retificar as desigualdades sociais, promovendo e assegurando a segunda dimensão dos direitos fundamentais, que assumem, em geral, a estrutura de direitos a prestações a serem exigidas em face do Estado (MOTA, 2015, p. 201).

Assim, ao Estado caberia a intervenção em nome das liberdades positivas e princípio da solidariedade de modo a diminuir as desigualdades sociais, promovendo a segunda dimensão dos direitos fundamentais. Conclui-se afirmando que, em uma dada dimensão comunitarista de jurisdição constitucional, a legitimidade do órgão jurisdicional constitucional restaria sob a ideia de fazer valer os valores axiológicos da comunidade na qual o homem está inserido.

3.4 PROCEDIMENTALISMO JURÍDICO E HERMENÊUTICA

A teoria procedimental da interpretação jurídica preconiza a importância de um procedimento de racionalidade para que se possa fundamentar as decisões judiciais, não importando muito o caráter, se mais liberal ou mais comunitarista, i.e., mais tendente à autonomia privada ou à autonomia coletiva. Esse procedimento discursivo dá-se da seguinte forma: a teoria hermenêutica procedimental parte da concepção de que a interpretação de normas e sua aplicação ao caso concreto devem se realizar por meio de um procedimento, o qual visa estabelecer, com base em um discurso racional, i.e., um procedimento, qual a norma mais adequada ao caso concreto.

No entanto, existe um problema quanto à determinação acerca de como a norma deva ser aplicada ao caso concreto, seja porque há um sistema de valoração a ser aplicado acerca da norma no caso concreto, ou ainda porque a norma a ser aplicada passa por um processo de interpretação para que se possa chegar a um denominador comum, que resulta na norma singular exarada pelo juiz do processo judicial.

Diz-se então que o discurso jurídico é uma espécie do discurso prático geral, e, assim, proposições normativas não são o mesmo que proposições descritivas, dando azo então à questão da justificação de normas. Um argumento poderia vir a surgir, então, que visasse a descreditar a teoria do discurso jurídico: o argumento do naturalismo ético. A tese do naturalismo ético defende o posicionamento de que valores éticos como certo ou errado são naturais, por isso, naturalismo, e por causa disso devem ser tidos como meras descrições de fatos, sendo então uma proposição normativa apta a ser substituída por uma proposição descritiva. Ao contrário do que ocorre com a teoria naturalista, objeta-se a ela pelo argumento de G. E. Moore, chamado de argumento da questão aberta, "open question argument". Tal argumento funciona da seguinte forma:

> Yet a mistake of this simple kind has commonly been made about "good". It may be true that all thing which are good are also something else, just as it is true that all things which are yellow produce a certain kind of vibration in the light. And it is a fact, that although Ethics aims at discovering what are those other properties belonging to all things which are good. **But far too many philosophers have thought that when they named those other properties they were actually defining good; that these properties, in fact, were simply not "other", but absolutely and entirely the same with goodness. This view I propose to call the "naturalistic fallacy"** and of it I shall now endeavour to dispose (MOORE, 1922, p. 10, grifo nosso)[4].

[4] Ainda um erro desse tipo simples tem sido comumente feito sobre "bom". Pode ser verdade que toda coisa que é boa é também algo a mais, assim como é verdade que todas as coisas que são amarelas produzem certo tipo de vibração na luz. E é um fato que, embora a Ética almeje descobrir quais são aquelas outras propriedades pertencentes a todas que são boas. Mas longe de

Conforme visto, Moore elenca como uma falácia a tentativa de tratar proposições normativas como se fossem meras proposições descritivas, ou seja, a tentativa de afirmar que a discussão acerca do que é bom ou ruim, certo ou errado, é uma descrição acerca de fatos.

Moore (1922) assevera que existem maneiras de refutar tal posição naturalista. Ora, uma pessoa P pode afirmar que o bom é o prazer, enquanto outra pessoa P1 pode afirmar que bom é o desejável. Por exemplo, se A tentar argumentar que bom não é o que é desejável, poder-se-á perguntar então onde está sua ética, visto que a ética lida com o comportamento humano, se certo ou se errado. Para que se possa ilustrar a objeção formulada por Moore, digamos que A afirme que um triângulo é um círculo enquanto B afirme que um triângulo é uma linha reta e, ainda assim, na tentativa de provar que está certo de que um triângulo é uma linha reta, apenas afirme que um triângulo não é um círculo.

O que P1, no caso em questão, conseguiu provar foi apenas que um deles deve estar errado, visto que um triângulo não pode ser ao mesmo tempo um círculo e uma linha reta, embora não tenha conseguido provar qual dos dois está a defender a verdade. Essa é uma primeira objeção trazida contra a então chamada falácia naturalista.

Uma segunda objeção, ainda segundo Moore (1922), é a de que, quando P1, por exemplo, diz um comando acerca de fazer algo, ele o diz porque, quando as pessoas dizem que algo é

---

muitos filósofos terem pensado que quando eles nomeavam aquelas outras propriedades eles estavam realmente definindo bom; que aquelas propriedades, de fato, eram simplesmente não outra, mas absolutamente e inteiramente o mesmo que bondade. Esse ponto de vista eu proponho chamar de falácia naturalista e disso eu hei de me aventurar a dispor (tradução nossa).

bom, geralmente denotam que se deve fazer alguma coisa. Ora, essa questão talvez não seja tão ética quanto a outra, mas serve para esclarecer que continua sendo a mesma falácia naturalista esposada anteriormente. Ainda nesse mesmo toar, mencionamos a importância do filósofo escocês David Hume para a demonstração da impossibilidade de derivação de um dever ser de um ser. Trata-se da falácia lógica de Hume.

> I cannot forbear adding to these reasonings an observation, which may, perhaps, be found of some importance. In every system of morality, which I have hitherto met with, I have always remark'd, that the author proceeds for some time in the ordinary way of reasoning, and establishes the being of a God, or makes observations concerning human affairs; when of a sudden I am surpriz'd to find, that instead of the usual copulations of propositions, *is*, and *is not*, I meet with no proposition that is not connected with an *ought*, or an *ought not*. This change is imperceptible; but is, however, of the last consequence. For as this *ought*, or *ought not*, expresses some new relation or affirmation, 'tis necessary that it shou'd be observ'd and explain'd; and at the same time that a reason shou'd be given, for what seems altogether inconceivable, how this new relation can be a deduction from others, which are entirely different from it (HUME, 2000, p. 302, grifo do autor)[5].

[5] Eu não posso me abster de adicionar a essas razões uma observação, o que pode, por exemplo, ser tido como de alguma importância. Em todo sistema moral o qual eu tenha porventura encontrado tenho sempre percebido que o autor procede por algum tempo da maneira ordinária de raciocinar e estabelece a existência de um Deus, ou faz observações concernentes a assuntos humanos;

A importância de mencionar tal posição neste momento serve para frisar o aspecto distintivo das proposições descritivas em relação às proposições normativas, além do fato de que as proposições normativas diferem substancialmente das descritivas.

O espaço para a fundamentação de proposições normativas começa a ser posto em aberto. Não à toa, John Austin, em seu livro *How to do things with words*, aborda a questão da fundamentação dos atos de fala como *performances*, i.e., atos praticados pelo ator de fala que visam significar algo, sendo autorrefutável a própria noção, por exemplo, de um proponente do discurso afirmar que possui um gato, mas que não acredita que não possui tal gato. Embora logicamente plausível tal assertiva, pela teoria dos atos de fala, ela se mostra falha, pois se autorrefuta.

> "All men blush" entails "some men blush". We cannot say "all men blush but not any men blush", or "the cat is under the mat and the cat is on top of the mat" or "the cat is on the mat and the cat is not on the mat", since in each case the first clause entails the contradictory of the second (AUSTIN, 1962, p. 48)[6].

---

quando de repente eu fico surpreso ao encontrar, que, em vez da cópula usual de proposições, *é*, a *não é*, não encontro nenhuma proposição que seja conectada a um *dever*, ou a um *não dever*. Essa mudança é imperceptível; mas é, entretanto, da última consequência. Pois, assim como esse *dever*, ou *não dever*, expressa alguma nova relação ou afirmação, é necessário que isso deva ser observado e explicado; e ao mesmo tempo que uma razão deva ser dada, pois o que parece ao mesmo tempo inconcebível, como essa dedução, pode ser a dedução de outras, as quais são completamente diferentes disso (tradução nossa).

6 "Todos os homens coram" implica dizer que "alguns homens coram". Não podemos dizer que "todos os homens coram, mas nenhum homens cora", ou que "o gato está debaixo do tapete e o gato está em cima do tapete", ou que "o gato está no tapete e o gato não está no tapete", visto que cada caso implica a contradição do segundo (tradução nossa).

Ademais, as afirmações, ou atos de fala, como exposto na citação anterior, levam a crer que tais atos são guiados por regras de linguagem, as quais devem ser seguidas de modo a se obter um discurso prático racional. Habermas também contribui para a teoria da fundamentação de proposições normativas. A tese habermasiana a respeito da crítica da fundamentação última proposta por Kant em suas categorias da razão pura passa por uma verdadeira reviravolta racional. Veja-se:

> Hegel admite el reproche de que Kant ha encontrado el concepto puro de comprensión em la mesa de las formas del juicio y que se lo ha "apropiado históricamente", sin fundamentarlo. Kant no ha conseguido demostrar que las condiciones *a priori* de la posibilidad de la experiencia sean "necesarias"[7] (HABERMAS, 1985, p. 14, grifo do original).

Além disso, há também a crítica habermasiana à tese hegeliana de fundamentação histórica dos conceitos kantianos, o que leva a crer que, conforme o que foi dito, Hegel também carece de fundamentação no seguinte aspecto:

> En el Hegel de la *Fenomenología* trata de suplir esta laguna mediante una observación genética. En la reflexión trascendental, que a Kant se le antojaba un giro copernicano único, Hegel descubre el mecanismo de

[7] Hegel admite a reprovação de que Kant tenha encontrado o conceito puro de compreensão na mesa das formas do juízo e que somente o tenha "apropriado historicamente", sem fundamentá-lo. Kant não conseguiu demonstrar que as condições *a priori* da possibilidade da experiência sejam "necessárias" (tradução nossa).

> la consciencia, que entra en función de continuo en la historia de la manifestación del espíritu[8] (HABERMAS, 1985, p. 14, grifo do autor).

Ainda nesse ínterim, é preciso acrescentar ao que foi dito a tese habermasiana segundo a qual dizer como algo é se torna um caso especial de dizer algo. O que acaba de ser dito tem substancial importância, pois o processo de justificação de normas passa, necessariamente, por uma reinterpretação da linguagem. Habermas (1985), então, afirma que com essa reviravolta racional haveria de tomar lugar na filosofia uma mudança, fosse ela para abolir a filosofia, conforme preconiza o pragmatismo filosófico ou a filosofia hermenêutica, ou uma mudança de paradigma acerca da racionalidade, i.e., um novo paradigma, que fosse compatível com o jogo linguístico de índole mental da filosofia da consciência, mas que não invalidasse seus modos de fundamentação que, diga-se de passagem, fossem considerados adequados e moderados.

Habermas, preocupado com a dimensão hermenêutica em face da objetividade da compreensão do mundo, passa, então, a uma reconstrução racional do mundo, em especial à fundamentação normativa, a começar pela reconstrução racional da linguagem. Cita-se Habermas:

> Si comparamos la posición de la tercera persona en el caso de aquellos que se limitan a decir cómo son las cosas (ésta es, por lo demás, la posición de los científicos)

[8] O Hegel da Fenomenologia trata de suprir essa lacuna mediante uma reflexão genética. Na reflexão transcendental, e, que Kant ansiava um giro copernicano único, Hegel descobre o mecanismo da consciência, que entra em função de contínuo na história da manifestação do espírito (tradução nossa).

> con la posición realizadora (*performativen*) de quienes tratan de comprender aquello que se les dice (así es, entre otras, la posición de los intérpretes) se hacen manifiestas las consecuencias metodológicas de una dimensión investigadora hermenéutica[9] (HABERMAS, 1985, p. 39, grifo do autor).

Não sem sentido é a pretensão de Habermas de identificar uma objetivação inteligível de significado na linguagem, o que em outros termos se coaduna com o que havíamos dito a respeito do mesmo autor e sua pretensão de reconstrução racional da linguagem. Acrescenta-se, outrossim, o caráter objetivo da linguagem. Habermas desenvolve uma lógica informal para a análise do discurso prático-moral. Isso se deve ao fato de que as questões normativas não são suscetíveis de apreciação do mesmo modo que as questões descritivas, conforme referido.

Isso porque o desenvolvimento de uma argumentação prático-moral não pode seguir os mesmos princípios lógicos de uma lógica dedutiva, haja vista que se está a tratar de proposições normativas e de uma reconstrução racional do discurso prático, o qual servirá como teoria procedimental da argumentação. Tal princípio universalizador, que tem a finalidade de ser o elo do discurso prático-racional, começa a ser esboçado por Habermas do seguinte modo:

[9] Se compararmos a posição da terceira pessoa no caso daqueles que se limitam a dizer como são as coisas (esta é, por demais, a posição dos cientistas) com a posição realizadora (*performativen*) de quem trata de compreender aquilo que se lhe disse (assim é, entre outras, a posição dos intérpretes), fazem-se manifestas as consequências metodológicas de uma dimensão investigadora hermenêutica (tradução nossa).

> En el discurso teórico se salva el abismo entre las observaciones particulares y las hipótesis generales mediante cánones diferentes de la inducción. El discurso práctico precisa de un principio puente. Por este motivo, todas las investigaciones sobre la lógica de la argumentación moral que, en su calidad de norma de argumentación, cumple una función equivalente al principio de inducción en el discurso científico experimental[10] (HABERMAS, 1985, p. 83).

Consequentemente, o princípio universalizador desempenha um papel de norma discursiva, ou pragmático-transcendental. Em outras palavras, tal princípio cumpre um papel corretivo no discurso prático-racional. Portanto, não é demais assinalar que todo discurso prático que pretenda a correção de suas proposições normativas necessita do ponto de partida de um princípio universalizador.

Tal postulado, i.e., o postulado do princípio universalizador, rege o discurso de tal forma que, de acordo com o cognitivismo moral, em contraposição com o relativismo moral, o qual resta refutado, pela mesma razão de que toda pretensão de afirmação moral pressuporia em seu âmago um interesse de conhecimento de sua norma e não meramente um relativismo, o que levaria a crer na autodestruição da própria pretensão de aplicação de juízos normativos pelos demais integrantes do

[10] No discurso teórico se salva o abismo entre as observações particulares e as hipóteses gerais mediante cânones diferentes da indução. O discurso prático precisa de um princípio-ponte. Por esse motivo, todas as investigações sobre a lógica da argumentação moral que, em sua qualidade de norma de argumentação, cumpre uma função equivalente ao princípio de indução no discurso científico experimental (tradução nossa).

discurso. Além disso, o princípio da universalidade deve ser entendido de forma a comportar outro postulado, qual seja, o da igualdade, porque uma norma que diga respeito a todos os possíveis afetados por ela seria insustentável na medida em que o princípio universalizador comportasse discriminação contra todos os afetados pelo processo deliberativo, i.e., discursivo.

Com base no que foi dito, pode-se entender que tal processo deliberativo guia-se por uma justificação intersubjetiva como consequência da aplicação dos dois postulados até aqui expostos. Não obstante, a junção desses dois princípios discursivos, U e I, quando aplicados à ética discursiva, dá surgimento ao postulado D. Como consequência do postulado D, é-nos permitido entender que toda justificação ética deve partir de uma justificação dialógica e não monológica, porque todos os afetados pelo discurso devem ser capazes de aceitar tal norma deliberada em condição de igualdade.

Não obstante, a fundamentação pragmático-transcendental dos pressupostos, i.e., dos postulados do discurso prático-racional, dá-se de modo a se utilizar da técnica da contradição performativa, *performative Widerspruch*. Conclui-se este capítulo com a intenção de haver sido preparado o caminho para enfrentar o tema da banalização de princípios constitucionais em face do voluntarismo judicial constitucional.

Capítulo 4

BANALIZAÇÃO DOS PRINCÍPIOS CONSTITUCIONAIS E VOLUNTARISMO JUDICIAL

Neste capítulo, insta salientar o que será trabalhado e defendido. Será analisada a noção de banalização de princípios constitucionais em face do voluntarismo judicial constitucional praticado pelo Supremo Tribunal Federal, órgão de cúpula do Poder Judiciário nacional. Portanto, faz-se imperioso realizar uma delineação do problema exposto até aqui. Nesse sentido, o enfoque doe capítulo será o de analisar como o órgão de cúpula do Poder Judiciário brasileiro vem decidindo seus casos e enfrentando o enfoque da aplicação dos princípios constitucionais ao caso concreto.

Isso posto, a presente análise deter-se-á em casos concretos em julgados proferidos pelo órgão de cúpula do Poder Judiciário brasileiro. Não obstante, tecer-se-ão críticas quando se as achar pertinentes e frisar-se-ão pontos positivos por um aspecto ou outro na análise de tais casos. A importância de resguardar o jurisdicionado contra arbítrios jurisdicionais é tamanha que nossa Constituição preconiza como norma de direito fundamental o dever do magistrado de fundamentar suas decisões judiciais. Isso decorre do dispositivo constitucional preconizado no art. 93, IX, o qual dispõe:

> Art. 93. Lei complementar, de iniciativa do Supremo Tribunal Federal, disporá sobre o Estatuto da Magistratura, observados os seguintes princípios:
>
> [...]
>
> IX – todos os julgamentos dos órgãos do Poder Judiciário serão públicos, e **fundamentadas todas as decisões**, sob pena de nulidade, podendo a lei limitar a presença, em determinados atos, às próprias partes e a seus advogados, ou somente a estes, em casos nos quais a preservação do direito à intimidade do interessado no sigilo não prejudique o interesse público à informação (BRASIL, 1988, grifo nosso).

Ainda no mesmo sentido, saliente-se que tal norma, tida como de caráter principiológico, afeta todas as decisões judiciais proferidas em sede de órgãos do Poder Judiciário nacional, além de servir como garantia do jurisdicionado contra o arbítrio do Estado-juiz.

4.1 NORMA-PRINCÍPIO DA IGUALDADE, REPUBLICANISMO E A AÇÃO PENAL N. 937: CONSIDERAÇÕES

O primeiro caso a ser tratado neste subcapítulo refere-se ao julgamento da Ação Penal n. 937, tendo sua origem de processamento o próprio STF. Trata-se de caso em que o réu, Marcos da Rocha Mendes, foi denunciado pela prática de crimes eleitorais, referentemente à prática do delito de captação ilícita de sufrágio, i.e., corrupção eleitoral. Em que pese a instituição do foro por prerrogativa de função, considera-se necessário tecer algumas considerações a respeito desse instituto jurídico.

O foro por prerrogativa de função tem origem no período da monarquia no Brasil, sendo implantado em primeiro lugar com a Constituição do Império, que, em seu art. 99, trazia em seu bojo o seguinte enunciado a respeito do poder moderador: "Art. 99. A Pessoa do Imperador é inviolavel, e Sagrada: Elle não está sujeito a responsabilidade alguma".

De lá para cá, é dizer, desde os tempos imperiais aos dias atuais, tal instituto foi-se aprimorando, ganhando robustez e amplitude até que, com o regime constitucional implantado pelo regime militar de 1969, passou a integrar os parlamentares também do Congresso Nacional. É o que conta Luís Roberto Barroso no proferimento de seu voto na Questão de Ordem da Ação Penal n. 937:

> E, no tocante especialmente a membros do Congresso Nacional que em rigor respondem pela quase totalidade dos processos em curso no Supremo, é relevante assinalar que só se estendeu o foro privilegiado a membros do Congresso sob a Constituição de 1969, outorgada pelos Ministros militares – três senhores insuspeitos creio eu, de exageros progressistas. Portanto, a extensão do foro privilegiado no Brasil foi desenhada sob a Constituição do regime militar de 1969 (BRASIL, 2018).

Portanto, o foro por prerrogativa de função é um instituto com raízes profundas na história constitucional brasileira. Também é inegável o fato de que ele tende a tornar o sistema de justiça criminal brasileiro ineficiente, haja vista que, só para citar exemplos, estão sob o auspício do referido instituto no Supremo Tribunal Federal 513 deputados federais, 81 senadores, 90 ministros de tribunais superiores, 9 membros do Tribunal de Contas da União e 138 chefes de missões diplomáticas de caráter permanente[1]. Chama-se a atenção do leitor para os princípios constitucionais invocados no caso em tela, que são o da igualdade e o do republicanismo. Continuando, a análise do voto do Ministro Luís Roberto Barroso demonstra que para ele o sistema de foro especial é ruim. É o que se extrai deste excerto:

> Portanto, essa é a primeira parte do meu voto e das reflexões que queria compartilhar, que é no sentido de que o sistema é ruim; o sistema funciona mau; o sistema traz desprestígio para o Supremo; **o sistema traz impunidade** (BRASIL, 2018, grifo nosso).

Não há dúvida aqui de que um sistema como o do foro especial por prerrogativa de função tende a ter um ar aristocrático na medida em que condiciona o prosseguimento da ação penal de uma pessoa e seu consequente processamento à necessidade de uma instância predeterminada, o que por vezes pode acarretar o abarrotamento do sistema judicial brasileiro, gerando ineficiência. No entanto, devemos lembrar que é a própria Constituição da República que institui o tal foro especial em seu art. 102, "b" e "c". Se a Constituição há de ter força normativa, deve ela irradiar-se para todo o ordenamento jurídico, inclusive por ela mesma, i.e., por suas normas. Não

[1] Dados retirados do voto do Ministro Relator, Luís Roberto Barroso, na ocasião da Questão de Ordem na Ação Penal de competência originária do Supremo Tribunal Federal n. 937.

obstante, começa o Ministro Relator a explicar a necessária mudança de interpretação a ser praticada pelo Supremo a começar pelas suas palavras no sentido de:

> O Supremo Tribunal Federal pratica há muito tempo, uma linha de entendimento de que todo e qualquer crime praticado por qualquer pessoa que desfrute de foto por prerrogativa deve ser julgado aqui, ainda que o delito tenha sido praticado anteriormente ou ainda que o delito não guarde qualquer relação com o exercício do mandato (BRASIL, 2018).

A segunda parte do voto do Ministro Barroso cinge-se ao aspecto de uma mudança de paradigma interpretativo constitucional, qual seja, uma mutação constitucional, a qual, na visão do Ministro, merece ser repensada com o fito de dar uma interpretação conforme à Constituição a dois princípios constitucionais mencionados por nós. São eles o princípio constitucional da igualdade e o do republicanismo.

Entende o referido Ministro que é chegada a hora de uma interpretação mais consentânea com a nossa ordem jurídico-constitucional. Sua justificação dá-se em três fases. Quanto à primeira fase a ser considerada, segundo Barroso (Brasil, 2018), "há uma clara mudança na realidade fática". Isso significa que, para ele, o constituinte de 1969, e ainda mais o de 1988, não conseguiram antever que tal instituto fosse desbocar em "mais de quinhentos processos de natureza criminal, envolvendo mais de um terço do Congresso Nacional" (BRASIL, 2018).

Realmente, isso é uma questão de fato, mas que, com o devido respeito ao posicionamento do Ministro, por si só, não autoriza a mutação constitucional. Inclusive, a mutação constitucional cujo tratamento merece cuidado, pois ao menor deslize corre-se o risco de incorrer em uma intervenção indevida do Poder Judiciário na esfera de competência do Poder Legislativo, gerando o indesejável ativismo judicial. Tal movimento judicial descompassa a harmonia entre os poderes da união. Prosseguindo, como sucedâneo das razões explicitadas, Barroso vai além e elenca uma mudança sobre qual seja o melhor direito. Segundo o Ministro:

> Todos nós somos testemunhas de que esse sistema não está funcionando bem, logo é preciso repensá-lo. E os resultados negativos são muito óbvios para nós desmentirmos, **que são a impunidade e o desprestígio que isso traz para o Supremo** (BRASIL, 2018, grifo nosso).

A solução para o Ministro, então, parece se dar nos seguintes termos ao problema surgido com o foro por prerrogativa de função: primeiro, no que toca a mudança de realidade fática; e, segundo, no que concerne à mudança sobre o que venha a ser o melhor direito. Para isso, toma como base, conforme dito, uma interpretação restritiva, que deve se pautar em dois pilares:

> A meu ver, é preciso dar-se à cláusula do foro privilegiado uma interpretação restritiva. E a interpretação que propus no meu despacho, e aqui reitero, **é a de que o foro por prerrogativa só prevaleça para os fatos praticados pelo agente beneficiário do foro no cargo e em razão do cargo** (BRASIL, 2018, grifo nosso).

Com isso, ao contrário do que a Constituição preconiza, e do anterior entendimento jurisprudencial do Supremo, passa a ser defendida a utilização do foro por prerrogativa de função apenas para casos em que o fato delitivo tenha sido cometido no exercício do cargo e em função do cargo. Interessante é o fato de que a Constituição brasileira de 1988 não faz essa distinção que o Ministro Barroso propôs.

Conforme mencionado alhures, os dois princípios que servem de baliza para a mutação constitucional são o princípio da igualdade e o princípio republicano. Primeiro ver-se-á a justificativa exposta pelo Ministro Roberto Barroso para que, depois, possam ser tecidas algumas considerações a respeito. Começa Barroso por defender seu posicionamento da seguinte maneira:

> Por qual razão esta interpretação, que estou propondo, me parece constitucionalmente mais adequada? Primeiro lugar, porque acho que é ela que realiza, mais adequadamente, dois princípios constitucionais que inspiram nossa atuação. O primeiro deles a ideia de igualdade. E o segundo a ideia de República. A ideia de igualdade - bem sei eu –, ela permite que você desiguale as pessoas se houver um fundamento razoável e uma motivação legítima, uma finalidade legítima, **mas resguardar, com foro de prerrogativa, um agente público por atos que ele praticou e que não tem nada a ver com a função para a qual se quer resguardar a sua independência viola o princípio da igualdade, porque é a atribuição de um privilégio**. No exercício da função, ele terá proteção, mas, fora do exercício da função, viola o sentido mais comezinho da igualdade formal (BRASIL, 2018, grifo nosso).

Em que pese o entendimento do Ministro Relator, entende-se, na presente atividade de argumentação, que o princípio da igualdade mantém íntima relação com a República, mas que, todavia, há de ser levado em consideração o fato de que foi o próprio poder constituinte originário que instituiu tal prerrogativa de foro para determinados agentes públicos.

Com o devido respeito ao posicionamento exarado pelo Ministro, discorda-se pelo seguinte motivo: a igualdade é, sim, um princípio basilar da República brasileira, no entanto há de ser dimensionada por quem a conferiu, ou seja, o próprio poder constituinte originário. Além do mais, quem possui competência para realizar uma mudança na norma constitucional é o próprio Parlamento brasileiro, por meio de suas casas legislativas. Concorda-se que os motivos expostos pelo Ministro Relator são nobres, não só o princípio da igualdade como o princípio republicano, assim referido:

> Em segundo lugar, o princípio republicano tem como uma das suas dimensões mais importantes a possibilidade de responsabilização dos agentes públicos. E, como nós verificamos pela prescrição, pelo excessivo retardamento entre fato e punição e punição e pela impunidade que daí resulta, o modelo de foro por prerrogativa de função tornou-se não republicano no Brasil (BRASIL, 2018).

Ainda em consonância com as presentes considerações, verifica-se que de novo utiliza-se do princípio republicano, assim como se utilizou do princípio da igualdade, ambos imbuídos em uma atividade marcadamente argumentativa constitucional para o que podemos chamar de verdadeira interpretação defensiva. Chama-se de interpretação defensiva o fato de o próprio Supremo se utilizar de técnicas interpretativas como no caso sob comento da mutação constitucional para se sobrepor à competência do Poder Legislativo, este sim com atribuição de emendar a Constituição.

Não é esse o entendimento do Ministro Relator, o qual votou no sentido de (a) fixar como tese de aplicação do foro por prerrogativa de função o crime praticado no exercício do mandato e que guarde relação com o mandato; e, (b) após o fim da instrução processual, com a devida publicação do despacho de intimação para a apresentação de alegações finais, entende-se não mais afetada a competência jurisdicional a partir desse momento processual. Finaliza o Relator com a seguinte fala:

> Estou convencido, Presidente, de que esta é a melhor interpretação da Constituição. É a melhor para o Supremo Tribunal Federal. É a melhor para a sociedade brasileira. **É a posição que corresponde ao anseio da sociedade brasileira. E sempre que é possível interpretar a Constituição de modo a atender os anseios da sociedade**, se isso for compatível, e sobretudo se esta for a interpretação mais adequada da Constituição, não há por que hesitar em escolher este caminho (BRASIL, 2018, grifo nosso).

No que pese o posicionamento do Ministro Relator, hesita-se em concordar. Isso porque não cremos que "anseio da sociedade brasileira" seja o papel que o Supremo Tribunal Federal deva perseguir. Isso, na verdade, pode vir a ser usado como meio sorrateiro para abrir espaço a caminhos tortuosos e deturpar o papel precípuo de nosso órgão de cúpula do Judiciário. Nota-se ainda que a interpretação restritiva das exceções, defendida no voto do Ministro Relator (BRASIL, 2018), "é extraída do postulado de unidade da Constituição e do reconhecimento de uma hierarquia material ou axiológica entre as normas constitucionais".

Embora se tenda a concordar com tais postulados, i.e., unidade da Constituição e reconhecimento de uma hierarquia material ou axiológica entre as normas constitucionais, discorda-se no aspecto concernente à preferência conferida pelo intérprete no sentido de uma interpretação defensiva, a qual, na verdade, torna inócua a norma constitucional. Esta, frise-se, não faz distinção entre agentes públicos e seus crimes praticados durante ou antes do mandato eletivo, além de ter sido praticado o crime em relação com o mandato.

Ademais, defende-se o posicionamento de que o Supremo pode muito, mas não pode tudo. Com essa afirmação quer-se dizer que manobras hermenêuticas que visam nada mais do que tornar inócuos mandamentos dispostos na Constituição devem ter como base de sua apreciação hermenêutica o próprio Texto Constitucional e seus limites interpretativos, os quais são impostos pelo próprio texto. Insta asseverar o leitor de que o nosso entendimento acerca do foro por prerrogativa de função é o de tal instituto é constitucional por foça de haver sido implementado pelo próprio poder constituinte originário, muito embora também pensemos que melhor seria caso de não existir, ou, pelo menos, de ser restrito a pouquíssimas autoridades, por entendermos que em sua essência tal instituto revela-se antirrepublicano.

Muito embora se teçam tais considerações, tem-se o entendimento de que acima de tudo a argumentação apresentada se pauta pela competência constitucional do Congresso Nacional, este sim é o órgão competente para propor tal mudança constitucional no instituto do foro por prerrogativa de função. Apresentam-se, pois, agora, considerações acerca do controle de racionalidade dessa linha argumentativa apresentada pelo Supremo Tribunal Federal brasileiro. Conforme dito no capítulo 2 desta obra, as normas não são em sua essência pré-classificadas quanto às suas espécies normativas em regras nem em princípios; isso depende de como a norma emanada do texto normativo se comporta diante das circunstâncias fáticas do caso concreto objeto de análise pelo órgão do Poder Judiciário nacional.

Conforme se pôde perceber no caso em tela, verifica-se que, diante de uma análise de racionalidade da hermenêutica constitucional analisada por nós, pautada sobretudo no quesito de que a norma não se encontra em sua essência como norma-princípio nem como norma-regra, pois o caso concreto a determinará, vemos que o dispositivo constitucional apresenta diante de nós um duplo caráter normativo, concernente às duas espécies normativas que se pôde ver neste capítulo. Em uma análise principiológica, o art. 53, § 1º, dispõe:

> Art. 53. Os Deputados e Senadores são invioláveis, civil e penalmente, por quaisquer de suas opiniões, palavras e votos.
>
> [...]
>
> § 1º Os Deputados e Senadores, desde a expedição do diploma, serão submetidos a julgamento perante o Supremo Tribunal Federal (BRASIL, 1988).

Desse modo, tem-se que a norma constitucional preconiza que deputados e senadores, desde a expedição do diploma, i.e., desde que sejam diplomados, serão submetidos a julgamento perante o Supremo Tribunal Federal. Esta, então, parece ser a melhor interpretação que se pode ter do dispositivo constitucional em tela. Não obstante isso, vê-se que o voto do Ministro Luís Roberto Barroso excede o preceito do texto normativo, mormente quanto à moldura normativa proposta por Hans Kelsen[2].

2 Conforme mencionamos no capítulo 2 acerca da moldura normativa.

Assim, o intérprete constitucional brasileiro, notadamente o Supremo Tribunal Federal, conferiu interpretação que extrapola os limites da moldura normativa e que o texto lhe permitia interpretar. Isso se deve ao fato de ter atribuído sentido restritivo ao texto constitucional. Entende-se que a norma proveniente do texto normativo do art. 53, § 1º, da CRFB/88 pode ser estatuída da seguinte forma: a partir da diplomação do titular de mandato eletivo federal, deve-se submeter todos os casos ao processamento e julgamento sob o órgão judicial competente, qual seja, o Supremo Tribunal Federal, independentemente de o suposto crime apreciado pela Justiça brasileira haver sido praticado durante o mandato eletivo e manter relação com este.

Com essas considerações, firma-se posicionamento no sentido de que isso que foi dito é o sentido da norma. Nesse sentido, a extensão da norma deve ir até o limite constitucional que a ela foi conferido, i.e., essa é uma norma que confere prerrogativas em função de cargo eletivo em favor de um mandato eletivo. A extensão dessa norma é a de que ela se estende na medida em que a Constituição da República brasileira a confere. É dizer, então, que qualquer medida que vise à restrição de normas constitucionais deve se justificar, e, no caso em tela, não se justifica de modo algum, haja vista que a norma pode ser entendida tanto como norma-regra quanto como norma-princípio.

Como norma-regra, ela pode ser entendida no sentido de que impõe ao Estado-juiz um padrão a ser seguido e, consequentemente, um padrão processual, que nada mais é que o respeito e proteção contra o arbítrio que possa vir a ser praticado pelo Estado. Por sua vez, como norma principiológica, deve sofrer restrição somente em face de outra norma principiológica conjugada ao caso concreto e que, frise-se, justifique sua restrição por causa de um mandamento de otimização que as normas principiológica possuem.

Concluindo, a interpretação restritiva conferida pelo Supremo Tribunal Federal brasileiro foi realizada com base em uma medida inovativa, i.e., com critérios que não encontram respaldo no texto constitucional, como o são os dois critérios levantados e defendidos pelo Ministro Luís Roberto Barroso, que fez sua defesa dos critérios segundo os quais o crime a ser processado e julgado pelo Supremo Tribunal Federal deve guardar relação fática com o mandato eletivo, além de guardar relação temporal com tal mandato. Critérios esses que se reputam arbitrários e atentatórios contra os limites da interpretação constitucional, por representarem verdadeira manifestação de decisionismo judicial de interpretação *contra legem*.

4.2 NORMA-PRINCÍPIO DO DIREITO À VIDA E O HABEAS CORPUS N. 124.306

Neste subcapítulo de nosso trabalho, enfrenta-se a questão da descriminalização do crime de aborto até o terceiro mês de gestação por via judicial por meio de uma interpretação conforme à Constituição. É o que preconiza o julgado proferido em sede do Habeas Corpus n. 126.304/STF.

> No ponto de partida do controverso debate sobre o aborto está o problema sobre o aborto está o problema do *status* jurídico do embrião na fase inicial da gestação. Há ao menos duas teses antagônicas e inconciliáveis. Uma tese diz que há vida desde a concepção ou fecundação. A outra diz que não há vida antes da formação do sistema nervoso central, fenômeno fisiológico que ocorre após o terceiro mês da gestação (STEINMETZ; RECKZIEGEL, 2017, p. 767).

Há de se ter essa premissa em mente, pois é dela que o Ministro Roberto Barroso se vale para começar a proferir seu voto. Em outras palavras, há duas alternativas a serem consideradas quando tratada a questão concernente ao aborto. Ou a vida passa a ser penalmente tutelada no início da concepção ou fecundação, ou passa a ser penalmente tutelada quando da passagem da gestação para seu terceiro mês e seguintes.

Segundo a ementa do acórdão do Habeas Corpus n. 124.306/STF, entenderam os ministros da 1ª Turma do Supremo Tribunal Federal que a criminalização do aborto até o terceiro mês de gestação viola direitos fundamentais da mulher, tais como (a) os direitos sexuais e reprodutivos da mulher, que não pode ser obrigada pelo Estado a manter uma gestação indesejada; (b) a autonomia da mulher, que deve conservar o direito de fazer suas escolhas existenciais; (c) a integridade física e psíquica da gestante, que é quem sofre, no seu corpo e no seu psiquismo, os efeitos da gravidez; e, por fim, (d) a igualdade da mulher, já que homens não engravidam e, portanto, a equiparação plena de gênero depende de respeitar a vontade da mulher nessa matéria.

Esses foram os argumentos elencados na ementa do acórdão do Habeas Corpus n. 126.304/STF para fundamentar a decisão. Todavia, resta tecer mais algumas considerações. Ainda no mesmo acórdão, motivou-se a decisão sob o fundamento de que se baseava na duvidosa adequação para proteger o bem jurídico que se pretende tutelar, no caso a vida do nascituro, além de o Estado poder evitar a ocorrência de abortos por meios menos lesivos e, em contrapartida, mais eficazes, e, por fim, ser considerada a medida desproporcional em sentido estrito, por gerar custos sociais.

> A tipificação penal viola, também, o princípio da proporcionalidade por motivos que se cumulam: (i) ela constitui medida de duvidosa adequação para proteger

> o bem jurídico que pretende tutelar (vida do nascituro), por não produzir impacto relevante sobre o número de abortos praticados no país, apenas impedindo que sejam feitos de modo seguro; (ii) é possível que o Estado evite a ocorrência de abortos por meios mais eficazes e menos lesivos do que a criminalização, tais como educação sexual, distribuição de contraceptivos e amparo à mulher que deseja ter o filho, mas se encontra em condições adversas; (iii) a medida é desproporcional em sentido estrito, por gerar custos sociais (problemas de saúde pública e mortes) superiores aos seus benefícios (BRASIL, 2017).

Isso posto, antecipando-se ao leitor que a ordem de *habeas corpus* não foi conhecida, muito embora tenha sido concedida de ofício nos termos do voto do Ministro Luís Roberto Barroso, concentra-se a partir de agora na análise de seu voto, após breve síntese do relatório do andamento do processo. Trata-se de processo com origem na 4ª Vara Criminal da Comarca de Duque de Caxias[3], no Rio de Janeiro, cujos pacientes tiveram a ordem do *writ* concedida pelo r. Juízo da 4ª Câmara Criminal da Comarca de Duque de Caxias. O Ministério Público do Estado promoveu recurso em sentido estrito, o qual teve sua pretensão acolhida pela mesma 4ª Câmara Criminal do Tribunal de Justiça para, então, haver a liberdade constrangida sob o fundamento de garantia da ordem pública e da necessidade de assegurar a aplicação da lei penal.

Consequentemente, a defesa dos pacientes Edilson dos Santos e Rosemere Aparecida Ferreira impetrou um *habeas corpus* no Superior Tribunal de Justiça, o qual não foi conhecido. O referido

[3] Processo n. 001449-75.2013.8.19.0021, da 4ª Vara Criminal da Comarca de Duque de Caxias/RJ.

habeas corpus foi registrado sob o n. 290.341/RJ sob as alegações de insubsistência de motivos a justificarem a constrição, além da excepcionalidade da medida. A 6ª Turma do STJ não conheceu do *habeas corpus* por entender que fora impetrado em substituição do recurso especial, embora, em análise do mérito, tenha asseverado a legalidade da medida constritiva de liberdade, sob a justificativa de ser fundada em elementos concretos, na gravidade e reprovabilidade das condutas imputadas.

O Ministro Luís Roberto Barroso, em análise detida do HC 124.306/STF no que concerne à imputação dos crimes previstos nos arts. 126 (cometimento de aborto com o consentimento da gestante) e 288 (formação de quadrilha)[4] do Código Penal brasileiro, entendeu que não estavam presentes os requisitos do art. 312 do Código de Processo Penal. No entanto, não convencido dessa já apresentada tese em favor dos pacientes e corréus, o Ministro Luís Roberto Barroso passou a analisar o que vem a chamar de "inconstitucionalidade da criminalização da interrupção voluntária da gestação efetivada no primeiro trimestre".

No que toca à análise proferida pelo Ministro, há de se ter em mente que ela se cinge à possibilidade ou não de controle de constitucionalidade por via mandamental do *habeas corpus*.

> O voto de Roberto Barroso não tratou da (in)existência de razão de cautela para a manutenção da prisão preventiva dos pacientes. Cuidou de avaliar o *fumus commissi delicti*. Sustentou, em síntese, que os pacientes não praticaram uma conduta típica porque a criança a ser abortada não tinha terminado o primeiro trimestre de gestação.

[4] A nova redação dada pela Lei n. 12.850, de 2013, trata o referido crime como associação criminosa.

> Para chegar a essa conclusão, Roberto Barroso sugeriu uma leitura constitucionalmente orientada do art. 126 do código penal que acabaria por restringir seu âmbito incidência (MENDONÇA, 2019, p. 63, grifo nosso).

Acerca da extrapolação do voto-vista proferido por Roberto Barroso, entende-se que se deu por causa de o Ministro haver entendido, em sede de via mandamental de *habeas corpus,* poder ser possível o controle de constitucionalidade difuso em razão de, em tese, encontrar-se ali uma possível colisão entre direitos fundamentais, que no caso concreto mereceriam tutela jurisdicional por parte do STF para sanar conflitos entre normas principiológicas.

Entende-se como problemática a fundamentação proposta no voto-vista em apreço, pois não se há que negar os direitos sexuais e reprodutivos da mulher, muito menos o princípio da autonomia da mulher, além do princípio da integridade física e psíquica, ou, ainda, seus direitos sexuais e reprodutivos, e, por fim, o princípio da proporcionalidade. Isso porque não está em jogo a questão da validade de tais princípios e direitos relativos à mulher, mas sim sua relevância para a vida do nascituro.

O próprio Código Civil, em seu art. 2º, preconiza: "A personalidade civil da pessoa começa do nascimento com vida; mas a lei põe a salvo, desde a concepção, os direitos do nascituro" (BRASIL, 2002). Conforme podemos perceber da exegese de tal dispositivo de nosso direito infraconstitucional pátrio, não há qualquer menção ao critério objetivo de três meses ou doze semanas de gestação, quando ainda, supostamente, não se haveria de falar em violação do direito à vida do nascituro.

Não parece ser o caso de o nascituro ser mero objeto à disposição da gestante segundo o exposto, como também pelo que se depreende do art. 1.794 do Código Civil pátrio: "Dar-se-á curador ao nascituro, se o pai falecer estando grávida a mulher, e não tendo o poder familiar" (BRASIL, 2002). Fica, então, patente que o feto não é apenas uma coisa, sujeita à livre disposição da sua genitora. Portanto, entende-se que o voto-vista extrapolou sua estrutura de análise para passar a analisar argumentos relativos à (in)constitucionalidade dos arts. 124 e 126, ambos do Código Penal pátrio.

Nota-se que a tese da inconstitucionalidade da criminalização da interrupção voluntária da gestação efetivada no primeiro trimestre perfaz, em nosso juízo, um verdadeiro malabarismo hermenêutico em prol de um protagonismo judicial exacerbado, que reclama para si os louros da competência parlamentar. Isso se deve aos seguintes motivos, nas palavras do próprio Ministro:

> Em *segundo lugar*, é preciso examinar a própria constitucionalidade do tipo penal imputado aos pacientes e corréus, já que a existência do crime é pressuposto para a decretação da prisão preventiva, nos termos da parte final do art. 312 do CPP. Para ser compatível com a Constituição, a criminalização de determinada conduta exige que esteja em jogo a proteção de um bem jurídico relevante, que a o comportamento incriminado não constitua **exercício legítimo de um direito fundamental** e que haja proporcionalidade entre a ação praticada e a reação estatal (BRASIL, 2017, grifamos).

Segundo a análise de Roberto Barroso, para que uma conduta seja considerada crime de acordo com a Constituição da República Federativa do Brasil de 1988, faz-se necessário que a conduta praticada (a) proteja (esteja em jogo) um bem jurídico relevante; (b) não constitua o exercício legítimo de um direito fundamental; e que (c) haja proporcionalidade entre a ação praticada e a reação estatal.

Tem-se o dever, portanto, de analisar cada um desses pontos que foram levantados para a fundamentação do *decisum* proferido em sede do HC 126.304/STF. Para essa empreitada, devemos perseguir a fundamentação da lavra do Ministro Luís Roberto Barroso e confrontá-la com os fundamentos elencados pelo mesmo Ministro. Veja-se parte do voto de Roberto Barroso:

> Característica essencial dos direitos fundamentais é que eles são oponíveis às maiorias políticas. Isso significa que eles funcionam como limite ao legislador e até mesmo ao poder constituinte reformador (CF, art. 60, § 4º). **Além disso, são eles dotados de aplicabilidade direta e imediata, o que legitima a atuação da jurisdição constitucional para a sua proteção, tanto em caso de ação como de omissão legislativa** (BRASIL, 2017, grifo nosso).

Interessante é a afirmação de Barroso de que os direitos fundamentais são dotados de aplicabilidade direta e imediata, com o que concordamos no todo, embora nos sintamos no dever de cautela quanto a atuação legítima da jurisdição constitucional para sua proteção, principalmente no caso de omissão legislativa. Isso porque a omissão legislativa pode, sim, autorizar a utilização da jurisdição constitucional a fim de valer-se de aspectos concretos para conferir efeito a disposições constitucionais. Muito embora se afirme isso, deve-se ter cautela também ao afirmar que a mera omissão legislativa não confere legitimidade constitucional para usurpar competência do Poder Legislativo, conforme é o caso a ser visto a seguir.

Ante as premissas levantadas pela própria ementa do acórdão proferido em sede do HC 124.306/STF, (a) não há dúvida de que o bem jurídico tutelado é importante, haja vista que é a vida humana que estamos discutindo. Ainda se vai além ao afirmar que não há sequer possibilidade de existência de sistema jurídico sem que haja vida humana, considerando o fato de o direito ser antropocêntrico e de os animais, como meros semoventes, não possuírem tal personalidade jurídica, i.e., a capacidade de adquirir direitos e contrair obrigações. Em suma, o ser humano e, mais do que isso, sua vida, são a condição de possibilidade do ordenamento jurídico inteiro, não sendo passível de admissão a tese de que não se estaria a discutir um bem jurídico relevante.

Em segundo lugar, (b) é inconsistente pensarmos que tal conduta homicida, *lato sensu*, pois é disso que se trata em sentido amplo falando, a conduta da mulher gestante que visa a interromper voluntariamente sua gravidez não pode ser classificada como "direito legítimo", sob pena de cair em inconsistência argumentativa. Se o direito surge da vida, por que admitir que uma conduta homicida, frisamos, *lato sensu*, constituiria um direito, ainda mais um direito dito fundamental da gestante? Ora, esse tipo de argumentação é inconsistente, visto que o direito não passa mais a proteger mais a vida, mas a inverter a ordem natural das coisas. A vida deve ser valorizada, pois sem vida não há direito.

Em terceiro lugar, (c) acerca da proporcionalidade da conduta praticada, mostra-se inócua qualquer tentativa de relativizar o direito fundamental à vida, que é pressuposto lógico de existência de todo o sistema jurídico pátrio. As tentativas de relativizar o direito à vida e de tratar de forma humanizada uma prática voluntariamente abortista não logram êxito. A uma, porque o referido Ministro do Supremo Tribunal Federal começa argumentando que, muito embora haja duas teses antagônicas no que se refere ao início da vida humana, e nesse ponto ele apresenta a tese de que a vida começa desde o momento da concepção; por outro lado, apresenta a tese segundo a qual a vida começa a partir do desenvolvimento do sistema nervoso central e rudimentos de consciência, conforme citamos a seguir em trecho de seu voto.

> Torna-se importante aqui uma breve anotação sobre o *status* jurídico do embrião durante fase inicial da gestação. Há duas posições antagônicas em relação ao ponto. De um lado, os que sustentam que existe vida desde a concepção, desde que o espermatozoide fecundou o óvulo, dando origem à multiplicidade das células. **De outro lado, estão os que sustentam que antes da formação do sistema nervoso central e da presença de rudimentos de consciência – não é possível ainda falar-se em vida em sentido pleno** (BRASIL, 2017, grifo nosso).

Chama-se a atenção do leitor para o fato de Barroso apresentar duas propostas referentes, em tese, ao tratamento jurídico do "embrião durante fase inicial da gestação", mas, logo em seguida, tratar do tema como se fosse temática do início da vida. Ora, ou se está tratando do *status* jurídico do embrião durante a gestação ou se está tratando do começo da vida. Percebe-se, então, a linha argumentativa inconsistente apresentada para a fundamentação dessa decisão judicial. Não obstante o que foi alhures apresentado, entendemos que o Ministro se equivoca ao incongruentemente misturar linhas argumentativas, ao começar, por exemplo, abordando a temática do *status* jurídico da vida embrionária humana, consecutivamente o começo da vida humana, e terminar por argumentar com base em verdadeira *aberratio iuris*:

> Não há solução jurídica para esta controvérsia. Ela dependerá sempre de uma escolha religiosa ou filosófica de cada um a respeito da vida. Porém, exista ou não vida a ser protegida, o que é fora de dúvida é que não há qualquer possibilidade de o embrião subsistir fora do útero materno nesta fase de sua formação. Ou seja: ele dependerá integralmente do corpo da mulher. Esta premissa, factualmente incontestável, está subjacente às ideias que se seguem (BRASIL, 2017).

Tecem-se algumas considerações a respeito. Primeiro, se é verdade que não há solução jurídica para essa controvérsia, por que então Barroso propõe uma? Afinal, o que ele faz em seu *decisum* é uma proposta de solução jurídica. Segundo, se tal decisão jurídica, que na visão de Barroso não existe, depende da visão de cada um, por que ele nos fornece sua opinião, então? Terceiro, se existe vida ou não a ser protegida, é dado a entender que há, pelos motivos expostos alhures, quando se afirma que todo o sistema jurídico emana do pressuposto de vida humana. Quarto, concorda-se com o eminente Ministro Barroso no que se refere ao fato de a vida embrionária humana depender do corpo da mulher. Quinto, reluta-se em concordar com referida premissa, quer seja, "ele dependerá integralmente do corpo da mulher", pelos motivos expostos a seguir.

Volve-se a tratar dos argumentos jurídicos tratados pelo Ministro e que nos são caros para a conclusão deste subcapítulo. Em relação à autonomia da mulher, a bem da verdade a autonomia constitui aspecto importante da liberdade individual insculpida no art. 1º, III, e no art. 5º, II, ambos da Constituição da República. Contudo, há de se sopesar com a autonomia em potencial do embrião, futuro feto humano, visto que não é titular de personalidade jurídica, por não haver sido concebido ainda, mas a lei lhe garante direitos, os quais chama de direitos do nascituro, conforme o art. 2º do Código Civil brasileiro de 2002.

Em que pese o art. 5º, III, da CRFB/88, com a seguinte redação, "ninguém será submetido a tortura nem a tratamento desumano ou degradante", haver sido citado por Barroso, entendemos que o feto e, por que não, também o embrião humano são tão titulares de direitos quanto a possível gestante. Inclusive suscitamos que aqueles se encontram em situação de maior vulnerabilidade do que a própria mulher gestante, haja vista se encontrarem em situação de sequer poderem exprimir suas vontades.

Posteriores alegações de violações a direitos sexuais e reprodutivos pela mulher, violação do direito à sua integridade física e psíquica, bem como violação da igualdade de gênero e, por fim, discriminação social e impacto sobre mulheres pobres não são fundamentos a justificarem tal ato, que não deixam de ser atos que interrompem vidas humanas. Esta passa a ser tratada como indesejável e, por isso, descartável, como podemos inferir do voto de Roberto Barroso.

Sendo assim, tende-se a defender a proteção da vida desde a concepção do embrião e do feto humano desde a concepção até o momento do nascimento. O legislador penal de 1940 sabiamente entendeu que a vida deve ser protegida por ser relevante bem jurídico, caso contrário não a teria escolhido proteger por meio do direito penal. É uma das funções do direito penal ser considerado a *ultima ratio*, i.e., a última razão jurídica, que tem por missão ser a última fronteira entre a aplicação do direito e a barbárie da civilização.

Concluindo este subcapítulo, entende-se que o Supremo Tribunal Federal brasileiro, ao levar em consideração o critério de racionalidade da decisão proferida sobre o tema em tela, expôs de modo ineficiente o caráter protetivo fundante de nosso ordenamento jurídico, vilipendiando-o de modo desastroso. Explica-se. Mais uma vez se vale da distinção entre norma-princípio e norma-regra para que possamos ter como baliza de nosso entendimento o critério de racionalidade da decisão proferida. A norma-regra é a exposta no Código Penal brasileiro e é válida por estar de acordo com o preceito constitucional de proteção à vida, explícito no *caput* do art. 5º de nossa Carta Política. Não há espaço para relativização dessa regra.

Todavia, valendo-se de uma interpretação que golpeia a Constituição brasileira ao relativizar um direito fundamental, talvez o mais básico de todos, pois sem ele não há que se falar em ordenamento jurídico, entendeu o Supremo Tribunal Federal no caso em questão que se haveria de relativizar o princípio do direito à vida em prol de uma nova interpretação, que confere à mulher o respeito ao seu direito reprodutivo, à sua autodeterminação, à sua dignidade.

Muito embora essa posição, firmada em sede do Habeas Corpus n. 124.306/STF, haja sido motivada, não foi ela fundamentada, pois a fundamentação de uma decisão vai além da mera motivação. Não é esse o preceito, também constitucional, lembra-se, que preconiza o art. 93, IX, de nossa Carta Política. E nesse quesito a motivação é diferente da fundamentação, pois a motivação é o mero ato da conferir motivo à decisão judicial, enquanto a fundamentação é o ato além, que não só confere motivo, mas o motivo vai ao encontro (i) da Constituição; ii) da lei; (iii) da correta intepretação que respeita a moldura normativa proposta pelo texto normativo constitucional; e, por fim, (iv) da própria justiça, que se espera seja entendida também por nós como uma manifestação da decisão judicial que respeita os requisitos expostos.

4.3 NORMA-PRINCÍPIO DA NÃO CULPABILIDADE, HC 126.292/STF E ADC 43

Neste subcapítulo está em disputa a norma-princípio da não culpabilidade perante o suposto fato de a pendência de recurso especial e recurso extraordinário não ferir tal norma-princípio, possibilitando, outrossim, que se prossiga à execução provisória de pena. Essa questão por nós será tratada do seguinte modo: o que está em jogo adiante é a possibilidade de execução antecipada, i.e., provisória de pena, sob a égide da Constituição da República brasileira de 1988. Senão, veja-se o que dispõe parte da ementa do acórdão que fundamentou tal decisão:

> A execução provisória de acórdão penal proferido em grau de apelação, ainda que sujeito a recurso especial ou extraordinário, **não compromete o princípio constitucional da presunção de inocência** afirmado pelo artigo 5º, inciso LVII da Constituição Federal (BRASIL, 2016, grifo nosso).

Submete-se tal tese à inteligência jurídico-constitucional do instituto da execução provisória da pena. Parte-se da análise detalhada de votos divergentes nesse julgado pelo Supremo. Nota-se que o posicionamento anterior era o firmado em sede do HC 84.078/STF, de relatoria do Ministro Luiz Fux, que entendia que a execução provisória de pena era inconstitucional. O primeiro voto a ser analisado é o do ex-Ministro da Suprema Corte Teori Zavascki, que foi o relator desse julgamento do STF. O Ministro Zavascki, em seu voto, elenca dois princípios que entram em rota de colisão, a saber, o da presunção de inocência e o da efetividade da função jurisdicional penal, que deve atender a valores caros não apenas aos acusados, mas à sociedade também. Senão, vejamos:

> O tema relacionado com a execução provisória de sentenças penais condenatórias envolve reflexão sobre (a) o alcance do princípio da presunção da inocência aliado à **(b) busca de um necessário equilíbrio entre esse princípio e a efetividade da função jurisdicional penal, que deve atender a valores caros não apenas aos acusados, mas também à sociedade**, diante da realidade de nosso intricado e complexo sistema de justiça criminal (BRASIL, 2016, grifo nosso).

Entende-se que o princípio da presunção de inocência é um subprincípio do princípio da não culpabilidade. Espera-se que nossa breve observação sirva apenas para exemplificar nosso entendimento e não como um tecnicismo exacerbado. Dito isso, vê-se que nesse *decisum* estão em rota de colisão dois princípios elencados para serem sopesados, quais sejam: (a) o da presunção da inocência; e (b) o da efetividade da função jurisdicional penal, que deve atender a valores caros não apenas aos acusados, mas à sociedade. A tese defendida pelo Ministro Teori Zavascki pode ser sintetizada da seguinte forma:

> Realmente, a execução da pena na pendência de recursos de natureza extraordinária não compromete o núcleo essencial do pressuposto da não-culpabilidade, na medida em que o acusado foi tratado como inocente no curso de todo o processo ordinário criminal, observados os direitos e as garantias a ele inerentes, bem como respeitadas as regras probatórias e o modelo acusatório atual. **Não é incompatível com a garantia constitucional autorizar, a partir daí, ainda que cabíveis ou pendentes de julgamentos de recursos extraordinários, a produção dos efeitos próprios da responsabilização criminal reconhecida pelas instâncias ordinárias** (BRASIL, 2016, grifo nosso).

A tese central defendida pelo então Ministro Zavascki é a de que a pendência de recursos extraordinários, notadamente o recurso especial e o recurso extraordinário, não obsta o cumprimento antecipado da pena. Contudo, essa não é a única tese defendida pelo nosso mais alto Tribunal. De outro lado, sustenta o Ministro Celso de Mello:

> **Isso significa**, *portanto*, que inquéritos policiais **em andamento**, processos penais **ainda** em curso **ou**, *até mesmo*, **condenações criminais** *sujeitas a recursos* (**inclusive** *aos recursos excepcionais* **interpostos** para o Superior Tribunal de Justiça **e** para o Supremo Tribunal Federal) **não podem** ser considerados, **enquanto** episódios processuais **suscetíveis** *de pronunciamento absolutório*, **como fatores de descaracterização** desse direito fundamental proclamado pela própria Constituição da República (BRASIL, 2016, destaques do original).

Entende-se que, se por um lado está em questão a possibilidade de cumprimento antecipado de pena sob o argumento de que tal prática não seria inconstitucional, por outro lado há a fundamentação de que tal permissão de cumprimento antecipado de pena é inconstitucional, haja vista que possíveis condenações criminais não podem macular o princípio da presunção de inocência. Em que pese os dois posicionamentos aqui trazidos à tona, entende-se por bem defender o posicionamento de que, para que possa haver relativização de normas principiológicas fundamentais, não basta uma análise de suposta rota de choque entre dois ou mais princípios a serem sopesados, bem como o dever de se ater à permissividade do texto normativo.

Por esses motivos, anteriormente expostos, filia-se à corrente segundo a qual o princípio da não culpabilidade, aqui traduzido como princípio da presunção de inocência, deve prevalecer, não havendo espaço para o que entendemos como jurisprudência defensiva, ou seja, qualquer reforma constitucional no sentido de conferir caráter de *status quo* puramente constitucional à nossa mais alta Corte ser de competência do poder constituinte reformador. Resigna-se a aceitar o entendimento proferido no julgamento conjunto da Ação Declaratória de Constitucionalidade n. 43, no qual se conferiu *status* de declaração de constitucionalidade ao art. 283 de nosso Código de Processo Penal, o qual se transcreve a seguir.

> Ninguém poderá ser preso senão em flagrante delito ou por ordem escrita e fundamentada da autoridade judiciária competente, em decorrência de sentença condenatória transitado em julgado ou, no curso da investigação ou dow, em virtude de prisão temporária ou prisão preventiva (BRASIL, 1941)[5].

No caso do julgamento da ADC 43, deu-se a declaração de que a antiga redação do art. 283 do Código de Processo Penal nacional estava de acordo com a Constituição. Isso posto, tal redação conflitava com o entendimento proferido em sede do julgamento do HC 126.292/STF, o qual permitia o cumprimento de pena antes do trânsito em julgado, i.e., o cumprimento provisório de pena. Enfim, fez-se justiça, cumpriu-se a Constituição. Acerca do critério de racionalidade da decisão tomada pelo Supremo Tribunal Federal, reputamos que tal decisão significa uma indevida restrição de direitos fundamentais em seu caráter principiológico.

[5] Redação em vigência antes da Lei Federal n. 13.964/2019.

A norma contida no art. 5º, LVII, de nossa Carta Política possui duplo caráter normativo, i.e., pode ser entendida tanto como norma-regra quanto como norma-princípio. Em seu caráter de regra, estabelece um marco fático-temporal para a formação da culpa penal, critério esse indispensável para que possa haver o cumprimento de pena, pois, logicamente falando, não há razão jurídica em se realizar a execução penal, i.e., o cumprimento de pena, se não há ainda a culpa formada. Além disso, a nossa Constituição estabelece um critério objetivo para a formação da culpa, qual seja, o trânsito em julgado de sentença penal condenatória.

Em seu critério principiológico, entende-se que a norma que estabelece tal marco fático-temporal deve ser entendida no sentido de que a formação da culpa é um balizador para o cumprimento de pena e a extensão de que atinja todos os réus em ações penais. Assim, qualquer restrição desse direito fundamental em sua acepção principiológica deve, portanto, respeitar, o mandamento de máxima otimização do princípio.

Conforme entendimento produzido ao longo deste livro, compreende-se que os direitos fundamentais em seu caráter principiológico não podem ser absolutos pelas razões já expostas no capítulo 2, portanto qualquer aferição de pesos como critério apto a solucionar choques entre princípios deve se dar no sentido de conferir um peso não absoluto, é dizer, não precedente em todos os casos, mas que torne, no caso concreto, um poder efetivo de sopesamento.

No que toca ao poder efetivo de sopesamento, deve ser balizado em face de outros princípios por consequência da aplicação do sopesamento como técnica apta a dirimir choques entre princípios. No entanto, ao se analisar a norma-regra por nós exposta concomitantemente com a norma-princípio extraída do texto normativo, aceita-se que não se revela uma aptidão interpretativa a autorizar o intérprete constitucional a relativizar esse princípio constitucional em face dos "valores caros não apenas aos acusados, mas também à sociedade", haja vista ainda o caráter contramajoritário dos direitos fundamentais, que deve ser levado em consideração. Dito isso, compreende-se que o direito de um acusado em geral ter sua culpa formada jurídico-constitucionalmente apenas após o trânsito em julgado de sentença penal condenatória reveste-se de um peso maior contra uma suposta pretensão da maioria, representada pela sociedade política, a ver ser feita justiça, especialmente no âmbito penal.

Capítulo 5

O CONTROLE DE CONSTITUCIONALIDADE FEITO PELO TRIBUNAL CONSTITUCIONAL PORTUGUÊS

A partir deste momento, selecionar-se-ão alguns julgados de procedência do Tribunal Constitucional de Portugal, doravante TCP, para que se possa realizar um estudo comparativo entre a jurisdição constitucional portuguesa e a jurisdição constitucional brasileira, já trabalhada neste livro. O objetivo é o de estudar algumas decisões do TCP, e que sirvam para confrontar os aspectos das jurisdições constitucionais brasileira e portuguesa.

O sistema português de controle de constitucionalidade prevê a modalidade de controle difuso ou concreto, exercido por qualquer órgão do Poder Judiciário português, e o controle abstrato ou concentrado, podendo ser exercido unicamente pelo TCP, órgão de cúpula do Poder Judiciário. Todos os casos apreciados aqui foram objeto de análise pelo TCP em sede de fiscalização preventiva de constitucionalidade, esta, por sua vez, prevista no artigo 278 da Constituição da República Portuguesa, a seguir CRP.

A Lei Orgânica do Tribunal Constitucional, Lei 28/82, dispõe em seu artigo 51, n. 5, que "o Tribunal só pode declarar a inconstitucionalidade ou a ilegalidade de normas cuja apreciação tenha sido requerida, mas pode fazê-lo com fundamentação na violação de normas ou princípios constitucionais diversos daqueles cuja violação foi invocada" (PORTUGAL, 1982). Assim, resta plenamente possível o TCP fundamentar suas decisões em violações diversas das postas para apreciação inicial perante ele.

5.1 O DECRETO DA REPÚBLICA N. 32/III E O IMPOSTO EXTRAORDINÁRIO RETROATIVO

O primeiro caso a ser analisado é o do imposto extraordinário de rendimentos, acórdão n. 11/83, de relatoria do Conselheiro Martins da Fonseca. O caso teve origem por ocasião da provocação do TCP pelo Presidente da República portuguesa, sob o auspício do artigo 278, n. 1 a 3, e artigo 57 e seguintes da Lei n. 28/82 para que fosse apreciada a constitucionalidade dos artigos 1º e 3º do Decreto n. 32/III[1]. Em 1983 foi aprovado pela Assembleia da República um imposto extraordinário que incidiria sobre os rendimentos do ano de 1982, ou seja, teria efeitos retroativos.

As questões enfrentadas pelo TCP foram as seguintes. (I) Se o princípio da irretroatividade é constitucionalmente consagrado ou, não o sendo, se a retroatividade que caracteriza os artigos 1º e 3º do Decreto n. 32/III atingiu um grau tal que se possa ter por violador de outras regras constitucionais. (II) Se houve violação das regras formais que constitucionalmente regem a articulação dos diplomas que criam impostos com a lei anual do Orçamento do Estado. (III) Se houve infração de regras materiais da Constituição fiscal. (IV) Se houve violação dos artigos 229, alínea "f", e 255º da Constituição.

[1] A atividade legislativa em Portugal.

Das Constituições portuguesas, apenas a Constituição de 1826, em seu artigo 141, § 2º, previa expressamente a proibição da retroatividade de lei, sendo essa disposição em todas as posteriores Constituições dispensada expressamente. Nesse sentido, acerca do primeiro ponto, entendeu o TCP que a CRP, em seu texto originário, não consagra o princípio da irretroatividade, i.e., a CRP, texto originário, não tutelou referido princípio, de modo que ele não encontra respaldo na normativa constitucional portuguesa vigente. Ainda assim, entendeu o TCP que de nenhum preceito ou princípio constitucional se pode retirar uma proibição genérica de leis fiscais retroativas. De igual modo, entendeu o TCP que não se há de buscar a proibição à retroatividade no direito de propriedade conjugado com artigo 18, n. 3º, o qual prevê que "as leis restritivas de direitos, liberdades e garantias têm de possuir caráter geral e abstrato e não podem diminuir a extensão e o alcance do conteúdo essencial dos preceitos constitucionais" (PORTUGAL, 1976). Isso porque o direito de propriedade não há de servir como limitação àquela finalidade, mas a finalidade da tributação há de servir como limitação do direito de propriedade.

Outrossim, o princípio da legalidade tributária não socorre a pretensão de haver como proibida a retroatividade da lei tributária. Isso porque o constituinte original do texto constitucional que deu origem à CRP, em seu texto originário, apartou do princípio da legalidade tributária a questão acerca da retroatividade da lei em matéria tributária, como se depreende do artigo 106, n. 3, ao passo que o princípio da confiança e o princípio da segurança jurídica foram relegados a uma posição de menor importância. Quanto a essas duas questões, notadamente o princípio da proteção da confiança e o da segurança jurídica, entendeu o TCP que o imposto extraordinário em questão se sobrepõe aos princípios retro afirmados, eis que o interesse público no caso em questão faz-se prevalecer de modo razoável ante os empréstimos internacionais contraídos por Portugal na época de proferimento do referido acórdão.

Dessarte, outros três pontos merecem destaque na análise do caso pelo TCP antes que se passe aos comentários do caso. O segundo ponto é referente à suposta necessidade de toda receita adquirida pelo Estado português à luz da CRP necessitar de uma necessária lei orçamentária que destine tais recursos para um fim específico. Considerou o TCP que tal não é o raciocínio a ser seguido, pois decorre de uma argumentação constitucional incorreta. Isso porque ou se pressupõe que qualquer criadora de receitas deva ter por consequência uma lei orçamentária correspondente, ou ainda se há de pressupor uma alteração na lei orçamentária de modo simultâneo.

O terceiro ponto diz respeito ao suposto desrespeito do disposto no artigo 106, n. 1, da CRP, texto original, no que tange à necessidade de repartição igualitária de riqueza e de rendimentos, visto que o imposto proveniente instituído pelo Decreto n. 32/III contempla a possibilidade de imposto proporcional e não progressivo, o que poderia ser interpretado como desrespeito à norma que estatui a necessidade de repartição igualitária de riqueza e de rendimentos. Nesse sentido é que entendeu o TCP ao defender que a proteção da repartição igualitária de riqueza e rendimentos há de ser entendida na totalidade do sistema fiscal português.

O quarto e último ponto enfrentado pelo TCP é o referente à interpretação do disposto no artigo 1º do referente decreto, o qual dispõe que o produto do imposto extraordinário proveniente do decreto será revertido integralmente ao Estado. Tal interpretação poderia ser tida como violadora das regiões autônomas ou dos municípios de Portugal. Quanto a esse ponto, entendeu o TCP que, ainda que fosse essa a interpretação a ser conferida ao dispositivo previsto no Decreto 32/III, ela não seria de todo inconstitucional, haja vista as disposições constitucionais deverem ser interpretadas conforme as necessidades excepcionais do Estado em caso de crise econômico-financeira.

Passa-se a uma análise dos presentes argumentos. Quanto ao levantado até então pelo voto vencedor, tem-se que, neste livro, concorda-se com o argumento de que a CRP não consagra explicitamente o princípio da irretroatividade da lei tributária (fiscal), o que enseja ainda a perquirição no sentido de saber se esse princípio seria consagrado implicitamente como cláusula de restrição ao poder de tributar exercido pelo Estado, no caso, português. Pondera-se que mencionado princípio não encontra guarida no ordenamento constitucional português e nem o pode encontrar com fundamento no princípio da legalidade tributária, eis que o princípio da legalidade tributária trata de que a lei tributária somente poderá ser estatuída por lei em sentido escrito, o que é próprio da noção de Estado de Direito.

Em que pese o princípio da irretroatividade da lei tributária não haver sido expressamente previsto na CRP em seu texto inicial, tem-se que o princípio da confiança e o da segurança jurídica ensejam fortes elementos para a caracterização do princípio da irretroatividade da lei tributária, ao menos em sua forma implícita. O contribuinte deve ter o direito de não haver para si injusta caracterização de tributação em casos em que não esperava ser tributado, como é o caso do princípio da confiança, conjugado com o princípio da segurança jurídica, que induz o contribuinte a saber quais são suas obrigações tributárias. Concomitante a isso, tem-se o princípio da legalidade, que, em matéria tributária, assume feição de conjugação com os princípios retroafirmados, ensejando, mais uma vez, a feição de que a tributação deve seguir seu estrito regime legal. Não deve ficar o contribuinte sem resguardo contra a tributação demasiado onerosa caracterizada pela sua retroatividade, malferindo a confiança do contribuinte, assim como sua segurança em matéria tributária, conjugada com a legalidade que se sujeita ao artigo 106, n. 1 a 3, da CRP.

5.2 DECRETO N. 41/III E INTERRUPÇÃO VOLUNTÁRIA DA GRAVIDEZ

O segundo caso a ser abordado é o referente à interrupção voluntária da gravidez, representado pelo acórdão 25/84, de procedência do TCP, em 19 de março de 1984, que se refere a uma proposta legislativa proveniente da Assembleia da República que originou o Decreto 41/III, mais especificamente à apreciação preventiva de constitucionalidade referente ao artigo 1° do Decreto da Assembleia da República n. 41/III, o qual prevê a possibilidade de "exclusão da ilicitude em alguns casos de interrupção voluntária da gravidez, previsto em seu artigo 1°".

Os argumentos aduzidos foram os que seguem. A uma, a CRP, texto da revisão constitucional de 1982, em seu artigo 24, estabelece que "a vida humana é inviolável" e que "em caso algum haverá pena de morte"; a duas, alega-se ainda que a vida humana referida no artigo 24 da CRP abrangeria de igual forma a vida humana intrauterina; a três, o aborto seria um atentado à vida humana intrauterina, independentemente do momento ou das circunstâncias em que é praticado; e, por fim, a quatro, a exclusão da ilicitude do aborto violaria de modo direto o princípio constitucional da inviolabilidade da vida humana e, de modo indireto, outros princípios constitucionais. Como exemplo desses outros princípios constitucionais, tem-se o princípio da igualdade dos direitos dos cônjuges à manutenção dos filhos, com previsão constitucional no artigo 36, n. 3, visto que o texto normativo dos artigos 139 e 141 do Código Penal português, redação proposta, exigiria apenas o consentimento da mulher grávida.

Ainda no mesmo raciocínio, a Lei Constitucional n. 1/82, que instituiu a primeira revisão constitucional da CRP, em seu artigo 57, previu a nova redação do *caput* ou epígrafe do artigo 68 da CRP, o qual passa a prever constitucionalmente os valores da "paternidade" e "maternidade", reputados como "valores sociais eminentes" no n. 2 do mesmo artigo 68. Além disso, estaria em violação o direito à integridade pessoal, previsto no artigo 25 da CRP, na medida em que significa um tratamento cruel, desumano e degradante para a criança que é destruída e eliminada. Outrossim, o princípio da dignidade da pessoa humana, previsto no artigo 1º da CRP, além do princípio da realização pessoal, previsto no artigo 67, n. 1; o princípio do desenvolvimento integral, conferido às crianças pelo artigo 69 da CRP, e o princípio da plenitude dos direitos daqueles que sofrem de alguma deficiência física ou mental, pelo artigo 71 da CRP.

A princípio, frisa-se que se está de acordo com os argumentos levantados pelo Presidente da República em sede de apreciação preventiva de constitucionalidade, eis que se entende que a pessoa humana ainda em desenvolvimento intrauterino sofrerá consequências irreversíveis, nomeadamente a morte, em decorrência de uma escolha única e exclusiva da mãe. Há de se ponderar sobre o direito à objeção de consciência da mulher grávida

Acertadamente, concluiu o TCP que a análise de conflitos ou valores jurídicos depende de um juízo de ponderação no qual se procura encontrar e justificar a solução mais conforme ao conjunto de valores constitucionais, notadamente da CRP, eis que há interesses opostos em questão. O ser humano não nascido não é uma parte do corpo da mãe, mas dele depende para sua sobrevivência. Sendo assim, na atividade de ponderação entre os interesses da vida do nascituro e da livre disposição do corpo da mulher grávida parece haver uma preponderância entre o interesse da gestante, eis que a gestante possui plena personalidade jurídica, e o nascituro, apenas personalidade jurídica no devir.

Tanto o que se disse se confirma que o crime de aborto e o crime de homicídio nunca foram equiparados pelo legislador português, tamanha a diferença entre os bens jurídicos tutelados no caso em apreço. É bem verdade que a vida de um ser humano não difere essencialmente da vida de outro ser humano, permanecendo iguais em essência, mas, no que toca à valoração dos bens jurídicos, sendo o primeiro representado pela vida intrauterina do nascituro e o segundo pela vida extrauterina da gestante, parece haver, sim, uma prevalência do valor jurídico da gestante sobre o valor vida do nascituro. Afinal, em sede de juízo de ponderação, a medida de conferir precedência à vida da gestante parece ser adequada, necessária e proporcional *stricto sensu* para salvaguardar o interesse constitucionalmente protegido.

Uma crítica que parece possível de ser feita em relação à permissão da prática de aborto indiscriminado, entenda-se, o aborto praticado por mera vontade da gestante, é a de que a plenitude da personalidade jurídica não parece ser a única razão de decidir, por assim dizer, a ser levada em consideração no momento de o direito intervir na questão da manutenção da gravidez da gestante ou não. Explica-se. Concorda-se com o argumento de que o nascituro não possui plenitude de personalidade jurídica, eis que ainda não nasceu, mas possui tão somente expectativa de personalidade jurídica em caso de nascimento com vida, mas há de se levar em consideração que para casos diferentes existem razões de decidir diferentes.

Para ilustrar a argumentação levantada, propõem-se dois casos a serem levados em consideração. Um caso de gravidez voluntária, i.e., consensual, e outra não consensual, criminosa, fruto de um estupro. Chama-se a atenção do leitor para o fato de que a gravidez fruto de ato criminoso é uma violência que se impõe à mulher, e, caso o direito legitimasse esse tipo de situação, estar-se-ia a legitimar uma segunda violência contra a mulher, que estaria sendo duplamente violentada, por assim dizer. Nesse caso, o valor vida do feto parece perder preferência em detrimento do valor vida do direito à vida da mulher vítima de violência em conjugação com a dignidade da pessoa humana da própria mulher, o qual se entende que deve prevalecer no presente caso sobre o valor vida do nascituro.

Em suma, o que se defende aqui é que há dois interesses opostos em conflito. O primeiro diz respeito ao valor vida do qual é titular o nascituro gerado fruto de uma violência sexual; e o segundo é o valor vida do qual é titular a mulher vítima de violência sexual, além de sua dignidade. Não se ignora que o nascituro também tenha, mas, em razão da injustiça premente caso o direito permitisse que a mulher do presente exemplo não pudesse interromper a gravidez voluntariamente, entende-se neste caso por justificado o direito da mulher de abortar, em homenagem à dignidade da pessoa humana, ao direito à vida e ao direito à autodeterminação, corolário do direito à vida.

Por outro lado, visto que, por necessidade de coerência argumentativa, uma mesma razão de decidir não pode ser aplicada a dois casos distintos sob pena de incorrer em incoerência de argumentação e consequente fundamentação da decisão judicial, parece problemática a ideia de que uma mulher possa interromper uma gravidez voluntariamente fruto de uma relação sexual consensual, i.e., não criminosa, e que, a título do argumento de o feto não gozar de personalidade jurídica plena e a gestante sim, esta poder interromper-lhe a vida. O anterior explica-se do seguinte modo: neste caso, a razão de decidir não é a mesma do exemplo da gravidez fruto de ação criminosa, visto que agora se trata de uma gravidez fruto de uma relação sexual consensual. Assim, a ação da mulher que trata de abortar parece residir em mero sentimento egoísta, ceifando a vida um nascituro que, ainda que não tenha sua personalidade jurídica plena, por assim dizer, é o polo mais frágil da relação entre gestante e nascituro.

Não está em questão se o Estado está se pondo a legislar sobre o corpo da mulher e seu consequente arbítrio, mas, antes disso, sobre a justiça da decisão da mulher grávida em querer interromper voluntariamente uma gravidez que, sendo consensual, ceifará a vida em potencial de um ser humano, com toda a potencialidade de sua vida. Se o sentimento é somente egoísta no sentido de interromper uma vida sob o argumento de sua autonomia corporal, crê-se ser melhor que se decida por manter a gravidez e colocar o recém-nascido para adoção, preservando sua vida. Ressalta-se, por fim, que a vida humana é o núcleo duro de todo e qualquer ordenamento jurídico, haja vista que sem vida o ser humano é incapaz de ingressar em pensamento jurídico, desfazendo-se por completo o direito.

5.3 A EUTANÁSIA E O ACÓRDÃO N. 173/2020

O terceiro caso a ser tratado é o da eutanásia, proveniente do processo n. 123/2020, proveniente da primeira secção, relatado pelo Juiz do Tribunal Constitucional de Portugal Conselheiro Pedro Machete, em que se discutiu a possibilidade ou não de permissão da eutanásia pela Constituição da República Portuguesa, a seguir apenas CRP. Proveniente do Decreto n. 109/XIV da Assembleia da República, a permissão para a eutanásia em casos de sofrimento intolerável em casos de lesão definitiva de gravidade extrema de acordo com consenso científico ou doença incurável e fatal, a seguir exposto em seu artigo 2º, n. 1, ficou assim entendida:

> Para efeitos da presente lei, considera-se antecipação da morte medicamente assistida não punível a que ocorre por decisão da própria pessoa, maior, cuja vontade seja atual e reiterada, séria, livre e esclarecida, em situação de sofrimento intolerável, com lesão definitiva de gravidade extrema de acordo com o consenso científico ou doença incurável e fatal, quando praticada ou ajudada por profissionais de saúde (Portugal, 2021).

Há de se saber se existe um dever de viver, i.e., se o artigo 24, n. 1, da CRP, em sua exegese normativa, consagra um dever de viver, não reconhecendo o direito a morrer. Isso significa afirmar que o dispositivo constitucional não consagra, a princípio, o direito a morrer, aqui entendido no seu sentido como fato socialmente relevante que ocorre quando um terceiro decide intervir na esfera privada de alguém de modo a privá-lo de seu direito à vida, ainda que a seu pedido ou fornecendo meios para que se lhe permita concretizá-lo por si mesmo.

O requerimento apresentado ao TCP em seu 3º motivo, que embasou o questionamento acerca da constitucionalidade da regulamentação da eutanásia em Portugal, não questiona se a eutanásia é ou não conforme à CRP, mas sim a regulamentação operada pelo legislador em matéria que se situa no *core* de direitos, liberdades e garantias dos cidadãos, por envolver o direito à vida e a liberdade de sua limitação, respectivamente num quadro de dignidade da pessoa humana.

Os pontos levantados pelo TCP para fundamentar sua decisão foram vários, todavia merece destaque o referente à delimitação da matéria apreciada em sede de sua constitucionalidade. Isso significa dizer que o dispositivo do artigo 2º, n. 1, tem crucial papel na definição e consequente regulamentação do objeto do presente diploma normativo o qual trata da prática (a) da definição da morte medicamente assistida não punível como a antecipação da morte por decisão da própria pessoa, maior, em situação de sofrimento intolerável; e (b) da integração do conceito de antecipação da morte medicamente assistida da parte que prevê o critério de lesão definitiva de gravidade extrema de acordo com o consenso científico.

A questão central da discussão cinge-se ao fato de que o ato de matar alguém ou ajudar alguém a suicidar-se parece colidir com o valor vida insculpido no direito à vida, consagrado no artigo 24, n. 1, além do que dispõe o princípio da dignidade da pessoa humana, corolário do artigo 2º, todos da CRP. Logo, a antecipação da morte medicamente assistida necessita ser analisada para que se possa averiguar se ela é compatível ou não com a CRP. Isto porque o artigo 2º, n. 1, do referido decreto, mesmo que não faça distinção entre eutanásia ativa e passiva e nem sobre suicídio assistido merece, ressalvados entendimentos contrários, ser avaliado de modo a abarcar uma consideração mais consentânea com a dignidade da pessoa humana o qual também é um valor do Estado de Direito Democrático português. Considerou o TCP que não há suficiente densidade normativa, em outras palavras, determinabilidade da lei, no que se refere aos requisitos de acesso à morte medicamente assistida.

Por fim, pronunciou-se o TCP pela inconstitucionalidade da norma constante do artigo 2º, n. 1, sob o fundamento de violação do princípio da determinabilidade da lei enquanto corolário dos princípios do Estado de direito democrático e da reserva de lei parlamentar, decorrentes das disposições conjugadas dos artigos 2º, e 165, n. 1, alínea "b", da CRP, por referência à inviolabilidade da vida humana, consagrada no artigo 24, n. 1, do mesmo diploma normativo. Além disso, considerou inconstitucionais as normas constantes dos artigos 4º, 5º, 7º e 27 do mesmo decreto.

Nesse sentido, concorda-se com o entendimento firmado pelo TCP na esteira de entender que a prática da eutanásia ou do suicídio assistido conflita diretamente com os valores consagrados pela República portuguesa, em especial com o valor vida e o valor dignidade da pessoa humana.

CONCLUSÃO

Ao dar início à conclusão deste livro, escolhe-se tecer algumas considerações que se reputam importantes. Pudemos estudar conceitos como o de Estado, sua origem, e, mais importante, a origem e os desafios que se impõem à jurisdição constitucional, por exemplo, a crítica de Kelsen ao modelo de vários órgãos com competência para julgar a constitucionalidade ou inconstitucionalidade de uma lei, e.g., estatutos. Posteriormente, permitimo-nos enfrentar a questão da teoria das normas fundamentais, ocasião na qual pudemos ter acesso ao entendimento de como normas fundamentais são tidas como fundamentais e sua importância para a distinção entre normas-regras e normas principiológicas.

Ao lado do estudo das normas fundamentais, foi possível fazer um apanhado acerca da contribuição de Kelsen quanto à moldura normativa do texto objeto de interpretação constitucional, o que é de fundamental importância para que a fundamentação das decisões judiciais não seja mero ato de vontade, mas seja também considerada e levada em consideração a questão acerca da necessária fundamentação das decisões judiciais, indo além da mera motivação e se distanciando desta última.

Avançando no estudo, pôde-se entender como se operam processos hermenêuticos no deslinde do ato de interpretar, i.e., estabelecer o sentido de um texto normativo, ocasião na qual distinguimos entre norma e texto normativo, pois entendemos essa diferenciação de suma importância.

Outrossim, pôde-se, no capítulo 3 do livro, fazer apartada síntese do arcabouço teórico que envolve as três correntes hermenêuticas que cingem a obra, quais sejam, o liberalismo hermenêutico, o comunitarismo hermenêutico e, por fim, mas não por isso menos importante, o procedimentalismo hermenêutico. Graças a esse aporte teórico, foi possível analisar a questão acerca da banalização de princípios constitucionais perpetrada pelo Supremo Tribunal Federal brasileiro. De acordo com o que se pôde constatar, critica-se a atuação do STF nos casos analisados, eis que o órgão de cúpula da jurisdição brasileira utiliza-se de princípios de forma que se pode reputar como banalizada, prática essa que compromete a higidez dos princípios constitucionais no sentido de que passam a ser utilizados para fundamentar a vontade do órgão julgador e não a vontade do poder constituinte originário.

Nesse sentido, o STF usurpa a competência do poder constituinte originário e passa a legislar constitucionalmente por meio dos princípios constitucionais. No que toca ao processo de banalização de princípios constitucionais, o coroamento do livro, não se poderia deixar de mencionar neste momento a questão dos efeitos da banalização. Por banalização constitucional pode-se entender o uso exagerado e desmedido dos princípios constitucionais, pretensas invocações de colisões entre normas principiológicas constitucionais que passam a ser utilizadas com a finalidade de legitimar as decisões tomadas em sede de colisão de princípios em face do STF.

Vê-se que, a pretexto de solucionar um conflito normativo e até de lhe dar interpretação conforme à Constituição, acaba o intérprete por extrapolar os limites da interpretação constitucional referentes à colisão de normas constitucionais; por conseguinte, acaba realizando o fenômeno da interpretação contrária à lei, ferindo assim o senso de Estado Democrático de Direito. Um Estado que se pretenda de direito há de respeitar a lei, incluindo a Constituição, promulgada pelo legislador constituinte originário, este sim com legitimidade para alterar positivamente o Texto Constitucional de forma ativa e legítima. Não se pode deixar de salientar que o Poder Judiciário não possui legitimidade popular, mas sua legitimidade é reconhecida por meio do cumprimento, e consequente respeito, das leis e, no caso concreto, da Constituição. Assim, é ilegítima a legislação constitucional positiva, i.e., a inovação constitucional do ordenamento jurídico que ultrapassa os limites da Constituição e da tripartição dos Poderes.

É preciso lembrar que ao Judiciário cabe, de modo legítimo, legislar negativamente no ordenamento jurídico, de modo a dele expurgar aquelas normas que conflitarem com a Constituição, de modo a preservar a supremacia desta e a higidez do ordenamento jurídico-constitucional como um todo.

O problema da banalização de princípios constitucionais crê-se poder ser solucionado pelo maior apego ao processo de fundamentação argumentativa das decisões constitucionais proferidas pelo STF. Não obstante os argumentos anteriores, verifica-se que o processo de fundamentação argumentativa das decisões constitucionais deve ser tratado de forma a respeitar a coerência da interpretação constitucional, perfazendo, desse modo, o estabelecimento de maior segurança jurídica e proteção dos direitos fundamentais em sua legítima esfera de interpretação. No tocante à legítima esfera de interpretação dos direitos fundamentais, cumpre salientar que passam por um fator de banalização que compromete sua real esfera de proteção jurídica em nossa ótica jurídica constitucional, desencadeada pela atuação voluntarista da jurisdição constitucional brasileira.

Para que o Supremo Tribunal Federal possa efetivamente cumprir seu papel constitucional de ser o guardião da Constituição brasileira, reputa-se necessária a adstrição ao exame de possibilidade interpretativa permitida pelo texto normativo. Isso significa dizer que o texto normativo deve servir de base para o processo hermenêutico, o qual deve tê-lo como pilar desse processo, não sendo permitido ao intérprete constitucional extrapolar os limites interpretativos do Texto Constitucional.

Como solução para a falta de coerência da interpretação constitucional provocada por uma crise hermenêutica, propomos que seja igualmente assumido por nossa corte constitucional seu efetivo papel de legislador negativo, o que significa que apenas em caráter excepcional deve a jurisdição constitucional pátria ser exercida de modo a conferir nova interpretação ao Texto Constitucional, constituindo, desse modo, uma mutação constitucional, esta segundo a Constituição, ao contrário de uma mutação constitucional que ocorra em sentido contrário ao permitido por ela.

A falta de higidez na utilização de princípios jurídicos verificada no mais alto órgão jurisdicional brasileiro relaciona-se intrinsecamente com o desarranjo hermenêutico, pois, partindo-se da premissa de que cumpre ao STF exercer a guarda da Constituição brasileira nos termos do seu art. 102, *caput*, entende-se que essa jurisdição constitucional deve ser exercida sobretudo sob os limites do texto normativo constitucional.

No que toca ao estudo comparado da jurisdição constitucional portuguesa, percebe-se maior respeito ao preceito constitucional de guarda constitucional exercido pelo Tribunal Constitucional Português na consequente análise de casos. Nesse tocante, há de se falar em um maior comedimento no exercer da jurisdição constitucional portuguesa em detrimento do exercer da jurisdição constitucional brasileira.

REFERÊNCIAS

ALEMANHA. *Bürgerliches Gesetzbuch*. 1º de janeiro de 1900.

ALEXY, Robert. Balancing, constitutional review, and representation. *International Journal of Constitutional Law*, v. 3, n. 4, p. 572-581, 2005.

ALEXY, Robert. Constitutional rights and proportionality. *Revus. Journal for Constitutional Theory and Philosophy of Law / Revija za ustavno teorijo in filozofijo prava*, n. 22, p. 51-65, 2014.

ALEXY, Robert. Justification and application of norms. *Ratio Juris*, v. 6, n. 2, p. 157-170, 1993.

ALEXY, Robert. On the structure of legal principles. *Ratio Juris*, v. 13, n. 3, p. 294-304, 2000.

ALEXY, Robert. Rights, legal reasoning and rational discourse. *Ratio Juris*, v. 5, n. 2, p. 143-152, 1992.

ALEXY, Robert. *Teoria da argumentação jurídica*. 4. ed. Rio de Janeiro: Forense, 2017a.

ALEXY, Robert. *Teoria dos direitos fundamentais*. 2. ed. São Paulo: Malheiros, 2017b.

ALEXY, Robert. The construction of constitutional rights. *Law & Ethics of Human Rights*, v. 4, n. 1, p. 21-32, 2010.

ALMEIDA FILHO, Agassiz. Glória política de um império tropical: a formação política do constitucionalismo brasileiro. *Revista de Informação Legislativa*, v. 38, n. 149, p. 91-109, jan./mar. 2001.

ALSTYNE, William Warner van. Critical guide to Marbury v. Madison, A. *Duke Law Journal*, p. 1-47, 1969.

AMORIM, Letícia Balsamão. A distinção entre regras e princípios segundo Robert Alexy: esboço e críticas. *Revista de Informação Legislativa*, v. 42, n. 165, p. 123-134, jan./mar. 2005.

ARAGÃO, João Carlos Medeiros de. Choque entre direitos fundamentais: consenso ou controvérsia? *Revista de Informação Legislativa*, v. 48, n. 189, p. 259-268, jan./mar. 2011.

AUSTIN, John. *The province of jurisprudence determined.* London: J. Murray, 1832.

ÁUSTRIA. *Verfassung*. Disponível em: https://www.ris.bka.gv.at/GeltendeFassung.wxe?Abfrage=Bundesnormen&Gesetzesnummer=10000138. Acesso em: 22 fev. 2020.

ÁVILA, Humberto Bergmann. A distinção entre princípios e regras e a redefinição do dever de proporcionalidade. *Revista de Direito Administrativo*, v. 215, p. 151-179, 1999.

ÁVILA, Humberto. *Teoria dos princípios*: da definição à aplicação dos princípios jurídicos. 19. ed. São Paulo: Malheiros, 2019.

BARACHO, Hertha Urquiza. Teoria da constituição. *Prim@ Facie – Direito, História e Política*, v. 2, n. 3, p. 12-26, 2003.

BARACHO, José Alfredo de Oliveira. Hermenêutica constitucional. *Revista de Informação Legislativa*, v. 14, n. 53, p. 113-144, jan./mar. 1977.

BARACHO, José Alfredo de Oliveira. Legitimidade do poder. *Revista de Informação Legislativa*, v. 22, n. 86, p. 13-28, abr./jun. 1985.

BARACHO, José Alfredo de Oliveira. Teoria da Constituição. *Revista de Informação Legislativa*, v. 15, n. 58, p. 27-54, abr./jun. 1978.

BARACHO, José Alfredo de Oliveira. Teoria geral do constitucionalismo. *Revista de Informação Legislativa*, v. 23, n. 91, p. 5-62, jul./set. 1986.

BARACHO, José Alfredo de Oliveira. Teoria geral do poder constituinte. *Revista Brasileira de Estudos Políticos*, n. 52, p. 7-58, jan. 1981.

BARROSO, Luís Roberto. Constituição, democracia e supremacia judicial: direito e política no Brasil contemporâneo. *Revista Jurídica da Presidência*, v. 12, n. 96, p. 5-43, 2010.

BARROSO, Luís Roberto. Fundamentos teóricos e filosóficos do novo direito constitucional brasileiro. *Anuario Iberoamericano de Justicia Constitucional*, n. 5, p. 9-44, 2001.

BARROSO, Luís Roberto. Judicialização, ativismo judicial e legitimidade democrática. *Anuario Iberoamericano de Justicia Constitucional*, n. 13, p. 17-32, 2009.

BARROSO, Luis Roberto; BARCELLOS, Ana Paula de. O começo da história: a nova interpretação constitucional e o papel dos princípios no direito brasileiro. *Revista de Direito Administrativo*, v. 232, p. 141-176, 2003.

BASTOS, Celso Ribeiro. Hermenêutica constitucional. *Revista de Informação Legislativa*, v. 24, n. 96, p. 53-56, out./dez. 1987.

BIELCHOWSKY, Raoni Macedo. Notas sobre a jusfundamentalidade: ou apontamentos sobre todo direito ser considerado fundamental. *Revista de Informação Legislativa*, v. 52, n. 208, p. 81-100, out./dez. 2015.

BONAVIDES, Paulo. *Ciência política*. 22. ed. São Paulo: Malheiros, 2015a.

BONAVIDES, Paulo. *Curso de direito constitucional*. 31. ed. São Paulo: Malheiros, 2016.

BONAVIDES, Paulo. Jurisdição constitucional e legitimidade (algumas observações sobre o Brasil). *Estudos Avançados*, v. 18, n. 51, p. 127-150, 2004.

BONAVIDES, Paulo. *Teoria geral do Estado*. 10. ed. São Paulo: Malheiros, 2015b.

BRASIL. *Código Civil*. Lei n. 10.406, de 10 de janeiro de 2002.

BRASIL. *Código de Processo Penal*. Decreto-lei n. 3.689, de 3 de outubro de 1941.

BRASIL. Constituição (1890). *Constituição dos Estados Unidos do Brazil*. Promulgada em 23 de outubro de 1890.

BRASIL. Constituição (1988). *Constituição da República Federativa do Brasil*.

BRASIL. *Decreto n. 848, de 11 de outubro de 1890*. Organiza a Justiça Federal.

BRASIL. *Decreto n. 911-A, de 23 de outubro de 1890*. Publica a Constituição dos Estados Unidos do Brazil, submettida pelo Governo Provisorio ao Congresso Constituinte.

BRASIL. Supremo Tribunal Federal. *Ação Direta de Inconstitucionalidade n. 815*. Relator Min. Moreira Alves. 1996.

BRASIL. Supremo Tribunal Federal. Ação Direta de Inconstitucionalidade 97/RO. Tribunal Pleno. Relator: Ministro Moreira Alves. *Diário de Justiça Eletrônico - DJE*, 22 out. 1993.

BRASIL. Supremo Tribunal Federal. Ação Penal 937/RJ. Tribunal Pleno. Relator: Ministro Roberto Barroso. *Diário de Justiça Eletrônico - DJE*, 11 dez. 2018.

BRASIL. Supremo Tribunal Federal. HC 124.306/RJ. 1ª Turma. Relator: Ministro Marco Aurélio. *Diário de Justiça Eletrônico - DJE*, 17 mar. 2017.

BRASIL. Supremo Tribunal Federal. HC 126.292/SP. Tribunal Pleno. Relator: Ministro Teori Zavascki. *Diário de Justiça Eletrônico - DJE*, 17 maio 2016.

BRASIL. Supremo Tribunal Federal. Recurso Extraordinário 562051/MT. Relator: Ministro Cezar Peluso. *Diário de Justiça Eletrônico - DJE*, 16 jun. 2009.

BUZANELLO, José Carlos. Controle de constitucionalidade: a Constituição como estatuto jurídico do político. *Revista de Informação Legislativa*, v. 34, n. 136, p. 29-35, out./dez. 1997.

CAMARGO, Nilton Marcelo de. Konrad Hesse e a teoria da força normativa da Constituição. *Revista Científica Sensus: Direito*, v. 2, n. 9, 2014.

CAMPOS, Juliana Cristine Diniz. As origens da teoria do poder constituinte: um resgate da obra de Sieyès e suas múltiplas releituras pela doutrina publicista continental. RFD - *Revista da Faculdade de Direito da UERJ*, n. 25, p. 153-174, 2014.

CANOTILHO, José Joaquim Gomes. *Direito constitucional e teoria da Constituição*. 7. ed. Coimbra: Almedina, 2003.

CAPPELLETTI, Mauro. Nécessité et légitimité de la justice constitutionnelle. *Revue Internationale de Droit Comparé*, v. 33, n. 2, p. 625-657, 1981.

CONTINENTINO, Marcelo Casseb. História do *judicial review*: o mito de Marbury. *Revista de Informação Legislativa*, v. 53, n. 209, p. 115-132, jan./mar. 2016.

DIAS, Daniella S. Soberania: a legitimidade do poder estatal e os novos rumos democráticos. *Revista de Informação Legislativa*, v. 48, n. 192, p. 55-66, out./dez. 2011.

DIAS, Eduardo Rocha; ROCHA, Ronald Fontenele. A Constituição líquida: mutação constitucional e expansão de direitos fundamentais na hipermodernidade. *Revista Direitos Fundamentais & Democracia*, v. 24, n. 1, p. 143-160, 2019.

DWORKIN, Ronald M. The model of rules. *The University of Chicago Law Review*, v. 35, n. 1, p. 14-46, 1967.

ECHAVARRÍA, Juan José Solozábal. Algunas cuestiones básicas de la teoría de los derechos fundamentales. *Revista de Estudios Políticos*, n. 71, p. 87-110, 1991.

ESTADOS UNIDOS DA AMÉRICA. *Constitution of the United States*, 1787.

FALCÃO, Raimundo Bezerra. *Hermenêutica*. 2. ed. São Paulo: Malheiros, 2013.

FERRAZ JUNIOR, Tércio Sampaio. *A ciência do direito*. 3. ed. São Paulo: Atlas, 2014.

FERREIRA FILHO, Manoel Gonçalves. *Curso de direito constitucional*. 25. ed. São Paulo: Saraiva, 1999.

FERREIRA, Pinto. *Curso de direito constitucional*. 10. ed. São Paulo: Saraiva, 1999.

FERREIRA, Waldemar Martins. *História do direito constitucional brasileiro*. 2. ed. Rio de Janeiro: Forense, 2019.

FIGUEIREDO, Fran Costa. Introdução à teoria da interpretação constitucional. *Revista de Informação Legislativa*, v. 22, n. 87, p. 175-200, jul./set. 1985.

FONSECA, João Bosco Leopoldino da. Normas jurídicas: aplicação. *Revista de Informação Legislativa*, v. 16, n. 64, p. 109-126, out./dez. 1979.

FRANÇA. *Déclaration de Droits de l'Homme et du Citoyen*, 1789.

FRANCO, Afonso Arinos de Melo. *Curso de direito constitucional brasileiro*. 3. ed. Rio de Janeiro: Forense, 2019.

GIANTURCO, Adriano. *A ciência da política*. 2. ed. Rio de Janeiro: Forense Universitária, 2019.

GONÇALVES, Francysco Pablo Feitosa; TEIXEIRA, João Paulo Fernandes Allain. As evoluções históricas e a "historiografia" dos juristas: reflexões sobre o surgimento do *judicial review*. *Revista de Informação Legislativa*, v. 52, n. 206, p. 137-164, abr./jun. 2015.

GRAU, Eros Roberto. *Por que tenho medo dos juízes*: a interpretação/aplicação do direito e os princípios. 9. ed. São Paulo: Malheiros, 2018.

GUASTINI, Riccardo. *Le fonti del diritto e l'interpretazione*. Giuffrè, 1993.

HABERMAS, Jürgen. *Consciencia moral y acción comunicativa*. Barcelona: Edicions 62, 1985.

HAMILTON, Alexander; JAY, John; MADISON, James. *The Federalist:* a commentary on the Constitution of the United States. New York: The Modern Library, 2001.

HECK, Luís Afonso. O modelo das regras e o modelo dos princípios na colisão de direitos fundamentais. *Direito e Democracia*, v. 1, n. 1, 2000.

HUME, David. *A treatise of human nature*. Oxford: Oxford University Press, 2000.

ISAIA, Cristiano Becker. O legado jurisdicional da modalidade estatal liberal em pleno paradigma instituído pelo Estado Democrático de Direito. *Pensar – Revista de Ciências Jurídicas*, v. 14, n. 1, p. 126-137, 2010.

JELLINEK, Georg. *Allgemeine Staatslehre*. 3. ed. Springer-Verlag Berlin Heidelberg, 1921.

KELSEN, Hans. A garantia jurisdicional da Constituição (a justiça constitucional). *Direito Público*, v. 1, n. 1, 2003.

KELSEN, Hans. Judicial review of legislation: a comparative study of the Austrian and the American Constitution. *The Journal of Politics*, v. 4, n. 2, p. 183-200, 1942.

KELSEN, Hans. *Reine rechtslehre.* 2. ed. Tübingen: Mohr Siebeck, 1960.

KELSEN, Hans. *Reine Rechtslehre.* 2. ed. Tübingen: Verlag Österreich, 2017.

KOZICKI, Katya; BARBOZA, Estefânia Maria de Queiroz. Jurisdição constitucional brasileira: entre constitucionalismo e democracia. *Seqüência: Estudos Jurídicos e Políticos*, v. 29, n. 56, p. 151-176, 2008.

LARENZ, Karl. *Metodologia da ciência do direito.* 3. ed. Lisboa: Fundação Calouste Gulbenkian, 1997.

LEWANDOWSKI, Enrique Ricardo. A formação da doutrina dos direitos fundamentais. *Revista da Faculdade de Direito, Universidade de São Paulo*, v. 98, p. 411-422, 2003.

LIMA, Nailê Russomano de Mendonça. Do constitucionalismo: suas origens e sua afirmação. *Revista de Informação Legislativa*, v. 17, n. 68, p. 5-14, out./dez. 1980.

LOCKE, John. *Two treatises of government and a letter concerning toleration.* New Heaven: Yale University Press, 2003.

MAGALHÃES FILHO, Glauco Barreira. *Curso de hermenêutica jurídica.* 5. ed. São Paulo: Atlas, 2015.

MAGALHÃES FILHO, Glauco Barreira. *Hermenêutica e unidade axiológica da Constituição.* 4. ed. Belo Horizonte, 2011.

MARQUARDT NETO, Roland Hamilton. A justificativa do Estado na doutrina de Georg Jellinek. *Revista de Teorias e Filosofias do Estado*, v. 2, p. 16, 2016.

MARTÍNEZ, María Salvador. Constitucionalismo moderno. *Historia Constitucional: Revista Electrónica de Historia Constitucional*, n. 11, p. 531-543, 2010.

MENDES, Gilmar Ferreira; BRANCO, Paulo Gustavo Gonet. *Curso de direito constitucional.* 13. ed. São Paulo: Saraiva, 2018.

MENDONÇA, Tarcísio Maciel Chaves de. Da constitucionalidade dos artigos 124 e 126 do Código Penal: uma análise do voto do

Ministro Roberto Barroso no HC 124.306/RJ. *Revista Eletrônica de Direito Penal e Política Criminal*, v. 7, n. 1, p. 56-74, 2019.

MOORE, George Edward. *Principia ethica*. London: Cambridge University Press, 1922.

MORAES, Alexandre de. *Direito constitucional*. 32. ed. São Paulo: Atlas, 2016.

MORAES, Alexandre de. Legitimidade da justiça constitucional. *Revista da Faculdade de Direito, Universidade de São Paulo*, v. 98, p. 291-311, 1 jan. 2003.

MOTA, Marcel Moraes. Legitimidade da jurisdição constitucional nas perspectivas filosóficas liberais, comunitaristas e procedimentalistas. *In*: SOUZA, Cristiane de Aquino (org.). *Democracia, igualdade e liberdade*: perspectivas jurídicas e filosóficas. Rio de Janeiro: Lumen Juris, 2015. p. 191-209.

NASCIMENTO, Valéria Ribas do. A filosofia hermenêutica para uma jurisdição constitucional democrática: fundamentação/aplicação da norma jurídica na contemporaneidade. *Revista Direito GV*, v. 5, n. 1, p. 147-168, 2009.

NICCOLÒ, Machiavelli. *O príncipe*. 6. ed. São Paulo: Revista dos Tribunais, 2013.

NOVAIS, Jorge Reis. *Contributo para uma teoria do Estado de Direito*. Coimbra: Almedina, 2018.

NOZICK, Robert. *Anarchy, state and utopia*. 2. ed. New York: Basic Books, 2013.

OPPENHEIMER, Franz. *The State*: its history and development viewed sociologically. 2. ed. New Jersey, 1999.

PORTUGAL. Constituição (1976). *Constituição da República Portuguesa*, 1976.

PORTUGAL. *Lei Orgânica do Tribunal Constitucional* n. 28, 1982.

PORTUGAL. Tribunal Constitucional. *Acórdão 11/83*. Tribunal Pleno, Relator Conselheiro Martins da Fonseca. Julgado em 12 de outubro de 1983.

PORTUGAL. Tribunal Constitucional. *Acórdão 123/2021*. Tribunal Pleno, Relator: Conselheiro Pedro Machete. Julgado em 15 de março de 2021.

PORTUGAL. Tribunal Constitucional. *Acórdão 25/84*. Tribunal Pleno, Relator Conselheiro Costa Aroso. Julgado em 19 de março de 1984.

RAZ, Joseph. Legal principles and the limits of law. *The Yale Law Journal*, v. 81, n. 5, p. 823-854, 1972.

RIBEIRO, Julio de Melo. Interpretação conforme à Constituição: a lei fundamental como vetor hermenêutico. *Revista de Informação Legislativa*, v. 46, n. 184, p. 149-170, out./dez. 2009.

ROSENFELD, Michel. The rule of law and the legitimacy of constitutional democracy. *Cardozo Law School, Public Law Research Paper*, n. 36, 2001.

ROUSSEAU, Jean-Jacques. The social contract. *In*: *The social contract and the first and second discourses*. New Haven and London: Yale University Press, 2002.

SALGADO, Joaquim Carlos. Princípios hermenêuticos dos direitos fundamentais. *Revista da Faculdade de Direito da UFMG*, n. 39, p. 245-266, 2001.

SANTOS, Bruno Aguiar. *Neoconstitucionalismo*: a ideologia fadada ao fracasso do arbítrio. Salvador: Juspodivm, 2018.

SARLET, Ingo Wolfgang; MARINONI, Luiz Guilherme; MITIDIERO, Daniel. *Curso de direito constitucional*. 2. ed. São Paulo: Revista dos Tribunais, 2013.

SIEYÈS, Emmanuel-Joseph. *Che cosa è il terzo Stato*. Roma: Riuniti, 2016.

SILVA, Ivan Luiz da. Introdução aos princípios jurídicos. *Revista de Informação Legislativa*, v. 40, n. 160, p. 269-289, out./dez. 2003.

SILVA, José Afonso da Silva. *Curso de direito constitucional positivo*. 42. ed. São Paulo: Malheiros, 2019.

SILVA, José Afonso da Silva. *O constitucionalismo brasileiro*: evolução institucional. São Paulo: Malheiros, 2011.

SILVA, Matheus Passos. A nova hermenêutica constitucional como resultado das diferentes concepções paradigmáticas de uma Constituição. *Revista Jurídica Luso-Brasileira*, p. 1511-1558, 2015.

SILVA, Virgílio Afonso da. Interpretação constitucional e sincretismo metodológico. *In*: *Interpretação constitucional*. São Paulo: Malheiros, 2005.

SIMMONDS, Nigel E. Constitutional rights and the rule of law. *Analisi e Diritto*, p. 251-270, 2016.

SOUSA, Felipe Oliveira de. O raciocínio jurídico entre princípios e regras. *Revista de Informação Legislativa*, v. 48, n. 192, p. 95-109, out./dez. 2011.

STEINMETZ, Wilson; RECKZIEGEL, Janaína. Crime de aborto e interrupção voluntária da gestação no primeiro trimestre: análise da decisão do Supremo Tribunal Federal no Habeas Corpus 124.306. *Espaço Jurídico: Journal of Law*, v. 18, n. 3, p. 763-776, 2017.

STERN, Ana Luiza Saramago. O caso Marbury v. Madison: o nascimento do judicial review como artifício político. *Revista Direito e Liberdade*, v. 18, n. 3, p. 193-212, 2016.

STRECK, Lenio Luiz; RAATZ, Igor. O dever de fundamentação das decisões judiciais sob o olhar da crítica hermenêutica do direito. *Revista Opinião Jurídica (Fortaleza)*, v. 15, n. 20, p. 160-179, 2017.

TAVARES, André Ramos. *Curso de direito constitucional*. 8. ed. São Paulo: Saraiva, 2010.

TEIXEIRA, João Paulo Allain. Constituição e democracia: entre liberalismo e comunitarismo. *Revista Brasileira de Direito Constitucional*, v. 6, n. 1, p. 268-280, 2005.

UNITED STATES OF AMERICA. Supreme Court. *Marbury v. Madison, 5 U.S. 1 Cranch 137*. John Marshall. 1803. Disponível em: https://www.loc.gov/item/usrep005137/. Acesso em: 26 nov. 2019.

VIEIRA JUNIOR, Dicesar Beches. Teoria dos direitos fundamentais: evolução histórico-positiva, regras e princípios. *RFD – Revista da Faculdade de Direito da UERJ*, n. 28, p. 73-96, 2015.